쉽게 배우는 어휘력

김규현 지음

SNA 연기스피치
저자 직강 및 동영상 강의

어휘력은 곧 그 사람의 인격이요, 능력이다. 말을 잘하게 되면, 최소비용으로 최대효과를 얻을 수 있고, 경제적인 가치가 충분한 메리트를 얻을 수 있다. 이 책은 말을 잘 할 수 있는 실질적인 어휘방법을 제시한다.

지오북스

저자 김 규 현

동국대학교 연극영화과를 졸업 후 서울대 대학원 공연예술학과에서 특별전형으로 공부를 했으며, 스피치 경력은 현재 SNA연기스피치 대표 강사로 소상공인 스타강사와 더불어 금융위원회, 현대백화점, 외국계기업 등 500회 이상의 강연 경험과 대기업, 공무원, 은행 임원 스피치 지도, 영어스피치 대회 및 스피치 대회 100여 명 입상 지도경험 그리고 머니투데이와 매일경제에서 방송을 진행하고 있다.

또 배우로서는 상업영화에서 04년도에 "바람의 파이터" 야쿠자(조단역), 15년도에는 영화 " 학교 반란" 오 형사(조연), 내부자들, 그리고 드라마 등에서 다양한 역할을 했고, 연극은 " 장엄한 예식", "사천의 착한여자", " 시련", " 벚꽃동산" 등 20여 편에서 주, 조연 역할을 맡았으며 현재도 배우로서 왕성한 활동을 하고 있다.

주요 저서로는 "연기스피치 시리즈"와 " 감성스피치"가 있다. 그중, 대화법 – 『마음을 움직이는 대화법』, 『영리한 대화법』, 『감정표현을 통한 처세법』이 있고, 발표법 – 『실전 목소리훈련』, 『실전 면접』, 『실전 스피치』, 『실전 프레젠테이션』이 있으며, 연기 – 『남자 실전연기』, 『여자 실전연기』가 있다.

SNA연기스피치

홈페이지 www.esna.co.kr
이메일   kkhyun1004@hanmail.net
블로그   http://blog.naver.com/cello4225
페이스북 https://www.facebook.com/sna4225
인스타그램 https://www.instagram.com/kim_kyou_hyun/

쉽게 배우는 어휘력

초판인쇄 2020년 10월 1일
초판발행 2020년 10월 1일

저 자   김규현
펴 낸 곳   지오북스
주 소   서울 중구 퇴계로 213 일흥빌딩 408호
등 록   2016년 3월 7일 제395-2016-000014호
전 화   02)381-0706 | 팩스 02)371-0706
이 메 일   emotion-books@naver.com
홈페이지   www.geobooks.co.kr

ISBN 979-11-87541-92-9
값 15,000원

이 도서의 국립중앙도서관 출판예정도서목록(CIP)은 서지정보유통지원시스템 홈페이지(http://seoji.nl.go.kr)와 국가자료공동목록시스템(http://www.nl.go.kr/kolisnet)에서 이용하실 수 있습니다. (CIP제어번호 : CIP2020035249)

이 책은 저작권법으로 보호받는 저작물입니다.
이 책의 내용을 전부 또는 일부를 무단으로 전재하거나 복제할 수 없습니다.
파본이나 잘못된 책은 바꿔드립니다.

지금은 '스피치의 시대'이다.

'말'의 시대다.

집에서도 직장에서도 우리는 끊임없이 말을 한다.

어떤 사람은 첫인상이 좋았어도 말을 했을 때, 용두사미의 경우를 볼 수 있고, 어떤 사람은 인상이 좋지 않았어도 대화를 하면서 호감으로 바뀌는 사람이 있다.

이것이 '말의 힘'이다.

비호감을 호감으로 만들고, 말 하나로 많은 연봉을 받고, 말 하나로 대통령이 될 수 있는 그야말로 '말의 시대'를 살고 있다.

스피치를 할 때 어휘는 청중의 주의를 끄는 데 지대한 영향을 끼친다. 특히 사자성어는 촌철살인처럼 한 마디로 상황을 정리할 수 있다는 점에서 매우 집약적인 표현이라고 할 수 있다.

가령 "웃음은 매우 중요합니다." 라는 표현보다는 "일소 일소요 일로 일로"입니다. 라는 표현으로. 또한 "그 사람은 늘 자기 입장에서만 생각하고 말을 하고 남의 입장을 배려하지 않아."를 '아전인수'와 '견강부회'와 같은 집약적인 사자성어로 표현한다면 매우 효과적으로 청중의 이목을 집중시킬 수 있다. 그러려면 속담, 명언, 고사 성어에 대한 공부를 하는 것이 중요하다.

단순한 예시나 얘기보다 속담이나 격언, 고사 성어는 청중을 집중시킬 수 있는 커다란 힘이 있다.

"어떤 것을 하더라도 지나친 것은 안하는 것보다 못할 수 있습니다." 라는 표현은 여러 가지로 말을 할 수 있지만, 간단하게 "과유불급"이라고 요약해 얘기한다면 오히려 촌철살인과 같은 비유가 될 수 있기에, 더 귀에 들어올 수가 있는 것이다.

이와 같이 속담이나 격언은 표현의 집약의 효과와 더불어, 함축적인 표현으로 청중의 귀를 사로잡을 수 있는 방법이기 때문에, 평소에 책을 많이 읽고, 명언을 많이 접하는 것이 중요하다.

또한, 여러 분야에 상식이 풍부한 사람은 누구를 만나더라도 원활하고 흥미로운 대화를 할 수 있다. 그렇기 때문에 말을 잘하려면 고유어, 한자어, 속담, 격언 등과 더불어 여러 분야에 대한 상식까지 섭렵해야 가능하다.

'아는 것이 힘이다'라는 영국의 경험론자인 프란시스 베이컨의 명언처럼 어휘력이 풍부하면 그 누구를 만나더라도 자신 있게 대화를 할 수 있고, 자신의 생각을 당당하고 논리적으로 표현할 수 있다.

어휘력은 곧 그 사람의 인격이요, 능력이다.

말을 잘하게 되면, 최소비용으로 최대효과를 얻을 수 있고, 경제적인 가치가 충분한 메리트를 얻을 수 있다.

비단, 경제적 효과뿐만 아니라 주위에 늘 사람이 많게 되는 즉, 인맥의 인프라를 구성할 수 있는 엄청난 효과를 얻을 수 있다.

이 책은 말을 잘 할 수 있는 실질적인 어휘방법을 제시한다.

즉, 고유어, 한자어, 속담, 사자성어, 명언을 비롯해 정치, 경제, 사회, 역사, 의학, 과학, 문화 등 다양한 분야에서의 폭넓은 어휘를 통해서 그 누구를 만나더라도 막힘없이 대화나 설득을 할 수 있도록 도와준다. 또한, 다양한 활용을 할 수 있도록 쉽게 어휘력을 키울 수 있는 실질적인 훈련방법을 알려준다.

책을 다 읽고 난 후 하루하루의 일상이 행복해 지고 사람들을 대면하는 것이 즐거워졌으면 하는 바람이다.

2020년 어느날.... 김규현

CONTENTS

 **PART 1 어휘력을 늘리려면**

왜 어휘력이 중요한가?	08
어휘가 떠오르지 않는 이유	10
재미있게 말하려면	12
비유를 잘하는 방법	17
어휘력을 키우는 법	22

PART 2 어휘력 기초

어휘의 종류	30
고유어	32
한자어	39
외래어	47
속담	49

사자성어	54
명언	62
관용어	65
비유	67
유머	71

PART 3 어휘력 심화

정치	77
경제	82
사회	89
법률	94
의학	101
인문학	109
역사	115
문화	129
과학	135

 **왜 어휘력이 중요한가?**

어떤 사람과 대화를 할 때, 어휘가 떠오르지 않아서 애를 먹은 경우가 있지 않은가?

또한, 표현을 생생하게 하고 싶은데 어떤 어휘를 선택할지 몰라서 답답해한 적이 있지 않은가?

그렇기 때문에 말을 잘하려면 논리와 표현과 더불어 풍부한 어휘력이 바탕이 되어야 한다.

예를 들어, 어떤 풍경을 볼 때 '경치가 좋다.', '풍경이 멋지다.'라는 표현도 있지만 '산세가 유려하다.', '비경이 따로 없다.'라  는 말로 묘사를 할 수도 있다. 하지만 이러한 간단한 표현을 하려고 해도 어휘가 부족하거나 떠오르지 않으면 단순한 표현 외에는 할 수가 없다.

어휘력이 풍부하면 누구와 대화를 하더라도 때로는 재미있게 때로는 통찰력 있는 소통을 할 수 있다.

'회'중에서도 가장 아쉬운 회가 뭔지 알아? 그건 바로 '후회'야. 그렇다면 가장 기대가 되는 회가 뭔지 알아? 그건 바로 '기회'야. 라고 센스 있게 얘기하는 것도 역시 어휘의 힘이라 할 수 있다.

어휘력이 풍부한 사람은 촌철살인처럼 정확한 요지를 표현하는 데 있어도 능통하다. 어휘력이 풍부한 사람은 권세에 휘둘려서 미꾸라지처럼 요리조리 피해 다니며 자신의 잘못을 인정하지 않는 정치인을 보며, '손바닥으로 하늘을 가릴 수 없다'고 얘기하거나 어떤 정책을 펼칠 때 탁상공론으로 실정에 맞지 않는 제도를 내세울 때, '언 발에 오줌 누기 식이네'라고 날카롭게 얘기할 수도 있다.

또한, 어휘력이 풍부한 사람은 시사와 상식에도 능통하다.

가령, 한국 역사에 대해 얘기를 하는데, 갑신정변이나 명성황후시해사건을 모른다면 상대방이 무슨 얘기를 하는지 명확히 이해할 수가 없다.
병에 대해서 얘기할 때도 마찬가지이다. 어떤 친구와 당뇨에 대해 얘기를 하는데 당뇨가 왜 생기는지, 당뇨에 대한 인슐린의 역할을 정확히 모르면 당뇨에 대한 대화에 지장이 생길 수 있다.

대화는 밥과 같다. 지인이든 친구든 우리는 사람과 늘 만나서 밥을 먹는 것처럼 대화를 해야 한다. 그런데 대화를 할 때 어휘력이 풍부하지 않으면 대화의 질과 흥미가 떨어질 수밖에 없다.
그렇기 때문에 어휘력이 풍부하면 어떤 주제를 가지고 이야기할 때, 재미있고 다양한 대화를 할 수 있다. 또한, 어휘력이 풍부하면 대화의 수준이나 깊이를 더욱 높이며 흥미로운 주제를 이끌 수 있기 때문에 그만큼 흥미롭고 원활한 소통을 할 수 있게 된다.

 **어휘가 떠오르지 않는 이유**

대화를 하거나 연단 또는 대중들 앞에서 가장 흔히 하는 실수 중의 하나가 삼천포로 빠지는 유형이다. 예를 들어 '자기소개'를 하다가 '돈' 얘기로 마무리를 하거나, '행복'에 대한 주제를 갖고 얘기를 하다가 '불행'으로 마무리하는 것은, 마치 시작은 창대하지만, 끝은 미약한 경우이고, 용두사미와 같다.

예전에 어떤 분이 '자신이 살면서 가장 행복했던 순간'이라는 주제를 갖고 발표를 했는데, 처음 시작은 운명적인 사랑을 만나 너무나 행복했던 순간에 대한 얘기였다. 그리고 어디를 여행했는지, 어떤 먹거리를 그 운명 같은 사랑과 함께 먹었는지를 얘기했다. 그래서 듣는 사람도 그분 얘기에 푹 빠져 아름다운 감상을 하고 있었는데, 어느 순간 자동차로 드라이브한 얘기를 하다가 자신의 자동차를 자랑하기 시작했다. 그러더니 차종, 어떤 차가 좋은 차인지를 마치 자동차딜러처럼 설명을 하더니 결국 결론은 '좋은 차를 보는 안목'으로 주제가 바뀌어 마무리되었다.

이처럼 삼천포로 빠지는 것은 이야기를 방해하는 일반적인 실수 중 하나다. 그렇다면 왜 이와 같은 실수를 연발하는 것일까? 원인은 바로 '핵심'을 이어나가지 못해서이다. 말을 할 때 이야기는 물로 비유하자면 큰 물줄기이다. 그런데 이야기를 하다 보면 작은 지류, 즉 작은 물줄기로 빠질 수가 있다. 그럴 때는 큰 물줄기의 힘이 약해질 때이다.

즉, 핵심에서 멀어지기 시작할 때 다른 이야기들이 머릿속에 들어오기 시작한다. 다시 말하면, '핵심'을 잡고 그 핵심에서 이야기를 첨가 하는 것과, 핵심을 놔두고 새로운 이야기를 만드는 것의 차이가 바로, '큰 줄기'를 잡느냐 그렇지 못하느냐의 차이라는 것이다.

따라서 우리가 이야기를 할 때는 예컨대, '자기소개'를 할 때는 자기와 관련된 것이 핵심키워드이기 때문에, '자기'와 관련된 이야기를 중점적으로 하는 것이 중요하다. 자신의 가치관, 자신의 장단점, 자신의 가족, 친지 이야기가 핵심키워드이다. 그런데 갑자기 '자기'라는 핵심키워드와 관련이 없는 '애완견 키우기', '드라이브' 등으로 주제가 옮겨진다면, 듣는 사람은 그때부터 헷갈리기 시작하고, 말하는 사람도 '내가 무슨 얘기를 하고 있지?'라며 혼돈을 겪게 되는 것이다.

그런데 말이나 대화를 할 때, 삼천포로 빠지거나 핵심을 잡지 못하는 이유는 긴장을 해서도 그렇지만 어휘가 생각나지 않기 때문에 그러한 부분도 크다. 즉, 그 상황에 맞는 어휘를 떠올려야 하는데 어휘력이 부족하다 보니 적재적소의 어휘가 떠오르지 않는다는 것이다.

그렇기 때문에, 어휘가 떠오르지 않을 때는 긴장하지 않고 차분하게 핵심을 유지하며 이야기를 이끌어야 한다. 어휘력이 부족하면 자신감을 상실

하거나 긴장을 하게 될 확률이 높기 때문에 그럴수록 핵심을 바탕으로 일관성을 유지해야 한다. 그렇지 않으면 계속 삼천포로 빠지거나 같은 말을 반복해서 이야기의 질을 떨어뜨릴 수 있다.

1. 긴장을 하지 않으려는 노력
2. 말하고자 하는 핵심을 분명히 함
3. 가지치기를 통해 일관성을 유지

 재미있게 말하려면

풍부한 어휘력은 깊이 있게 말을 잘하는 원동력이고, 센스 있는 어휘력은 재미난 대화를 이끄는 디딤돌이 될 수 있다.

요새는 직장에서도 학교에서도 '카리스마 형'보다 부드럽게 구성원들을 아우를 줄 아는 '유연함'을 더 인정해주고 있다.

그것은 시대적인 흐름과 연관이 있다.

지금은 예전과 달리 단순한 부를 창조하는 것보다 웰빙을 생각하는 시대, 그리고 물질적인 것보다 정신적이고 정서적인 것들을 추구하는 시대, 단체보다는 개인의 능력을 중시하는 시대로 변화하고 있기 때문에, 우리가 추구하는 리더의 역할도 자신의 능력을 발휘해서 독자적인 힘을 발휘하는 것보다 전체 구성원의 능력과 자질을 잘 이끌어 내고, 소통과 화합을 할 수 있게 분위기를 만들어주는 능력이 더 중요하게 여겨진다.

유연함은 온화함, 아우름, 소통, 화합과 맞물려 있다. 그리고 그러한 유연함은 센스 있는 리더십을 이끈다.

센스 있는 말을 하려면 반드시 '유머'를 알아야 한다.

예를 들어 직원이 출근해서 "안녕하세요, 오늘 날씨가 꽤 춥네요. 얼어 죽는 줄 알았어요."라고 했을 때, "네, 그래요."라고 대답을 하는 것과 "그래도 살아있으니 얼마나 다행이에요."라고 말하는 것의 차이에 따라 사무실의 분위기가 달라질 수 있다.

유머를 겸비한 사람과 옆에 있는 것 자체로 늘 즐거움과 유쾌함을 선사 받을 수 있다. 그렇기 때문에 재미있게 말하는 능력은 비단 리더의 능력일 뿐만 아니라, 현대를 살아가는 모든 사람의 필수 능력이 되고 있다.

재미있게 말하기 위해서는 평소에 개그프로그램을 많이 보는 것이 좋고, 매일 매일 유쾌한 생각과 긍정적인 사고를 하는 것이 중요하다. 또한 '역발상의 원리'가 바로 '유머'를 만들기 때문에, 같은 말이라도 바꿔 말해보고 거꾸로 말해보며 다르게 말하는 습관이 바로 '유머'를 만들 수 있다.

가령 술자리에서 술을 따르는데 맥주가 조금 넘쳤다면, "아유 아까워라"라는 말보다는 "자네의 행동에는 거품이 조금 꼈군." 또는 "나를 향한 애정이 넘쳐흐르는구나." 등의 발상의 전환 원리를 갖고 얘기를 하는 습관을 갖는 것이다.

부부 사이에서도 유머는 부부생활의 윤활유가 될 수가 있다.

가령 부부싸움을 하는 상황에서 "당신이 나한테 잘한 게 뭐 있어? 날 위해 해준 게 뭐가 있어?" 라고 했을 때, "그래 너 잘났다. 그러는 너는 뭘 잘했냐?"라고 말을 한다면 불난 집에 부채질을 하는 격이 될 것이다. 그런 대화보다는 "소리 좀 낮춰, 남들이 보면 싸우는 줄 알겠다. 당신의 사랑표현은 너무 격정적이야." 등의 완곡한 표현으로 분위기를 바꾸는 것이 중요하다.

어떤 모임 같은 곳에서도 유머는 유연한 분위기를 만든다.

예컨대 동창회 같은 곳에서도 오랜만에 만난 친구에게 "넌 어쩜 얼굴이 폭삭 늙었냐. 미용에 돈 좀 써라"라고 공격을 했을 때 "그러는 넌 거울도 안 보냐? 주름이 그게 뭐냐?"라는 말 보다는 "세월을 정통으로 맞아서 그래" 또는 "난 얼굴이 겸손해. 그래서 남들을 돋보이게 만들어"라고 유연하게 대처하는 것이 분위기를 좋게 만들 수 있다. 그렇게 되면, 처음엔 조금 어색해지더라도 자꾸 하다보면 자신감이 붙게 되기 마련이고 그 자신감은 유머 있는 사람으로 만들어 주는 원동력이 된다.

유머를 정의함에 있어 학자마다 다르긴 하지만, 대체적으로 격차를 보편적인 이론으로 들 수 있다.

격차란, 가령 기대치와 반응에 있어서의 차이를 얘기한다. 학교에서 선생님과 학생이 복도를 지나가다 넘어졌을 때 어떤 상황이 더 재미있는가를 생각하면 쉽게 이해가 갈 수 있을 것이다.

왜 선생님이 넘어졌을 때 더 웃길까?

그것은 선생님의 권위가 훨씬 크기 때문에 또한, 그것에 대한 격차 때문에 학생보단 더 크게 웃을 수 있는 것이다.

이 격차를 표현하는 방법으로 연상, 언어유희, 과장 등이 있다.

격차는 다양한 부분에서 예를 들 수 있다.

가령, "매력적인 질문이야!"라는 말에 있어, '매력적인'과 '질문'은 어울리지 않는 표현이다. 이 두 가지의 부조화가 맞물려서 묘한 뉘앙스를 풍겨 유머를 만드는 것이다. 다양한 예로 "착한 몸매", "나쁜 손" 등의 표현이 있다.

또한 속담, 인용 중의적인 표현에 대한 격차도 있다.

예컨대 도둑이 어떤 집에 침입했다고 했을 때, 갑자기 쥐가 났다고 가정했을 때 "도둑이 제 발 저리네요."라고 한다면 이것 또한 묘한 뉘앙스를 풍기면서 유머러스한 표현이 될 수 있다.

물론 실제로 저렇게 얘기했다가는 뒷일은 장담할 수 없다.

연상도 마찬가지다.

개그맨을 흉내 낼 때 또는 유명정치인을 흉내 낼 때 그것이 재미가 있는 이유는 그 연예인의 말투가 연상이 되면서 격차를 느끼기 때문이다. 이때 너무 똑같게 흉내를 내면 재미와 감탄을 동시에 일으키게 된다.

과장 또한 유머의 대표적인 방법이다.

어떤 선생님이 독특한 억양이 있을 때, 그것을 더 심한 억양을 써서 표현했을 때 재미를 더 유발하는 이유는 격차가 더 크기 때문이다.

이런 이론들을 토대로 유머를 적재적소에 잘 표현한다면 여러분들도 청중을 충분히 사로잡을 수 있는 매력적인 화자가 될 수 있다.

유머는 말 그대로 청중에게 재밌게 표현해서 분위기를 즐겁게 만드는 것이다. 바꿔 말하면, 분위기를 즐겁게 하지 못하는 유머는 좋은 유머가 아니라는 것이다. 즉, 공격적인 유머, 상처가 되는 유머, 지루한 유머 등이 지양해야 할 유머에 포함된다.

가령, 어떤 부부가 자식이 8명 정도 있다고 했을 때, "참 번식력이 좋으시네요."라고 말을 한다면. 물론 상황에 따라 웃음을 유발할 수도 있지만, 당사자는 충분히 기분이 나쁠 수 있다.

또한, 술자리에서 머리가 큰 사람한테, "넌 얼굴이 커서 면봉 같다."라고 한다면 오히려 분위기가 싸해 질 수도 있다. 그래서 적재적소의 유머가 중요한 것이다.

그리고 한 번 재미를 줬다고 해서, 더 욕심을 낸다면 오히려 과유불급이라고 안 한 것만 못한 상황이 될 수도 있다. 그런 경우는 주위를 돌아보면 많은 곳에서 예를 찾을 수가 있다. 유머는 필요에 따라 청량음료가 될 수도 있고, 독이 될 수도 있다는 것을 명심해야 한다.

1. 뒤집어서 생각할 것(격차)
2. 바꿔서 생각할 것(의외성)
3. 흉내 내고 행동으로 묘사할 것(연상)

 ## 비유를 잘하는 방법

비유는 스피치에 있어서 양념과 같다. 그리고 청중들에게 쏙쏙 들어올 수 있는 마법과 같은 역할을 한다. 관용어를 포함해 어휘력이 풍부한 사람은 주위 사람들을 즐겁게 만든다.

가령, 어떤 무언가에 대해 "맛있다."라고 표현했다고 하자. 물론 저 표현도 때에 따라서 무척 담백할 수 있다.

하지만 비빔밥을 먹는 것처럼, 볶음밥에 치즈를 얹은 것 같이 등 다양한 활용을 한다면, 그 요리법이 풍부해질 수 있듯이, 하나의 표현을 다양하게 표현할 수 있다면, 풍부한 재미와 흥미를 전달할 수 있다.

이 비유의 종류에는 국어 시간에 배웠듯이, 직유, 은유, 활유, 강조, 대구법등 다양한 활용이 있을 수 있다.

국어를 잘하는 사람이 스피치도 잘할 수밖에 없는 원리이다. 평소에 어휘력이 없으면 비유도 맛깔스럽게 할 수가 없기 때문이다.

어휘력은 음식으로 따지면, 재료에 해당할 수 있다. 아무리 양념이 화려하다 해도 재료가 식상하면 음식 자체가 가벼워질 수밖에 없다.

또 다른 예로 관용어를 들 수 있다.

관용어의 의미는 많은 사람들이 사용해서 자연스럽게 이해가 되는 말을 의미하는 것이다. 공감대가 형성되면서, 재밌는 표현이 많기 때문에 관용어를 잘 활용한다면, 말을 아주 재밌게 할 수 있게 된다. 가령, '파리만 날리듯이, 쥐꼬리 같은 월급을 가지고, 자다가 코 베어가도 모르는' 등의 수많은 관용어를 사용한 표현이 있다.

직유법은 말 그대로 직접적인 비유를 얘기한다.
가령, 배가 고플 때를 표현할 때, '마치 장이 붙은 것처럼, 배에 거지가 있는 것처럼' 등의 직접적인 표현이다.

그리고 은유법은 은유적인 표현이다.
우리가 국어 시간에 배웠듯이, 내 마음은 호수요, 내 갈 길은 그대의 마음입니다. 등의 은은한 표현을 할 때 쓰인다.

또한, 강조법은 어떤 것을 특별히 강조할 때 쓰는 방법이다.

자 이제 실전연습을 해보자.
기분이 좋을 때를 어떻게 표현할까? '기분이 좋다, 기분이 최고다, 행복한 기분이다.' 등으로 표현할 수 있다.

이것을 비유로써 표현해 보면 어떨까?

> 1. 기분이 날아갈 듯이 좋다.
> 2. 남산 정상에서 케이블카를 타는 느낌이다.
> 3. 신혼여행을 가는 느낌이다.
> 4. 뛸 듯이 기분이 좋다.

등으로 비유할 수 있다.

다음은 절망적인 상황을 비유해 보자.

> 1. 빛이 보이지 않는 긴 터널을 가는 듯한 느낌이다.
> 2. 어둠 속을 걷는 듯한 기분이다.
> 3. 안개 속을 헤매는 듯한 느낌이다.
> 4. 기나긴 동굴 속을 기어가는 듯한 느낌이다.
> 5. 비가 그치지 않는 장마를 경험한 듯이.
> 6. 한차례 폭풍우가 몰아치듯이

등으로 표현할 수 있다.

반대로 희망적인 상황은 어떻게 비유할 수 있을까?

> 1. 겨울이 녹아 봄이 되듯이
> 2. 절망의 구렁텅이에서 한 줄기 빛을 보듯이
> 3. 기나긴 장마가 그치고 햇볕이 구름 사이로 고개를 내밀듯이
> 4. 커다란 폭풍 후에 찾아오는 고요함
> 5. 태풍이 지나간 후의 평화
> 6. 기나긴 어둠을 뚫고 나와 광명을 보듯이

등으로 나타낼 수 있을 것이다.

이번에는 절망적인 순간에서 희망을 보았을 때를 어떻게 표현하는지 연습을 해보자.

또 하나의 예로 '불행이 겹칠 때'를 여러 가지 표현으로 해볼 수 있다.

먼저 관용어로는 '엎친 데 겹친 격'이라는 표현이다. 관용어란 사람들이 습관적으로 사용하는 비유를 얘기한다. 사자성어로는 '설상가상'이라는 표현이 있다. 그리고 비유적 표현으로는 욕 듣고 나서 뺨 맞을 때, 맞은 데 또 맞은 느낌, 안타 맞고 병살타 친 느낌 등의 수많은 표현을 할 수가 있다. 유머적인 표현으로는 개똥 밟고 기분 잡쳤는데 소똥까지 밟은 느낌, 여자 친구와 이별을 하고 울적해서 클럽을 갔는데, 거기서 여자 친구를 본 느낌 등의 생생한 표현을 예로 들 수가 있다.

이번에는 '행복이 겹칠 때'이다.

먼저 사자성어로 '금상첨화'라는 표현이 있다. 먼저 관용적 표현으로는 '도랑 치고 가재 잡고', '꿩 먹고 알 먹기', 사자성어로는 '일석이조' 그리고 비유적인 표현으로는 안타치고 홈런을 친 느낌, 마트에서 음료수 마셨는데, 한 병 더 나온 느낌 등으로 표현할 수가 있다.

'쉽다'라는 표현도 이렇게 말할 수 있다.
'땅 짚고 헤엄치기'와 같은 관용어로도 표현할 수 있고, '자장면을 비벼 먹는 것처럼 쉽다.'라는 창의적 비유로도 말할 수 있다.

'얼굴이 빨개지다' 역시 다양한 표현이 가능하다. 얼굴이 붉으락푸르락 하다. 얼굴이 고추장처럼 빨갛다. 얼굴에 불이 났다. 라고 표현할 수 있다.

비유는 생생한 표현을 가능하게 해서 듣는 이로 하여금 연상을 하게끔 만들어 주는 고급표현이다.

또한 비유는 의외성과 격차와 맞물리게 되면 유머적인 비유로도 표현될 수 있다.

예컨대 청천벽력을 비유로 표현하면

1. 뒤통수를 세게 맞은 것처럼
2. 멀쩡히 길을 가다가 번개를 맞는 것처럼

이것을 유머적인 비유로 표현한다면

1. 로또에 당첨됐는데 지난 번 숫자라고 통지 받는 것처럼
2. 외제차를 뽑은 날 무사히 집으로 몰고 가다 전봇대를 들이받는 것처럼

등으로 표현하면 충분히 재밌는 상황을 연출할 수 있다.

비유는 어떤 상황을 생생하게 전달하는 가장 고급스런 표현중 하나라고 할 수 있다.

같은 표현이라도 어떻게 활용하느냐에 따라 스피치의 스킬이 달라질 수 있다.

어휘력이 풍부한 사람을 친구로 둔다면 귀가 즐거워 질 수밖에 없다.

1. 날씨, 음식, 여행, 스포츠 등의 상황생각
2. 다양한 상황에 맞게 직유와 은유법 활용
3. 적재적소의 상황에 맞는 촌철살인의 비유

 **어휘력을 키우는 법**

말을 하다 보면 내용을 말하다가도 막히는 경우가 종종 있다. 또한, 어떤 표현을 하고 싶은데도 그 표현이 생각나지 않아 쩔쩔매는 경우가 허다하다. 말을 잘하는 사람의 공통점은 어휘구사력이 뛰어나다는 것이다. 대화에 있

어서 중요한 부분은 재미와 감동인데, 어휘력이 부족하면 이 두 가지 모두 충족시킬 수가 없다.

즉, 어휘적 표현력이 중요하다는 것이다.

가령, 자기소개를 할 때 "안녕하세요. 저는 김철수입니다. 감사합니다."라고 얘기하는 사람과 "안녕하세요. 김철수입니다. 저는 이름 때문에 초등학교 때부터 국어 시간에 유명했어요. 만나 뵙게 돼서 반갑습니다."라고 얘기를 하는 사람과는 사람들의 반응이 다를 것이다.

공식적인 보고를 할 때도 "이번 설문 조사에서... 사람들이 원하는 것은 더 좋은 품질을 원한다는 것이었습니다. 그래서 좀 더 우리 회사가 그쪽으로 신경을 많이 써야 할 것 같습니다."라고 얘기하는 것과 "이번 설문 조사에서 고객이 원하는 것은 다름 아닌 품질이었습니다. 물량공세로 고객들에게 접근하는 미봉책으로는 오히려 고객의 역풍을 맞을 수 있습니다."라고 얘기하는 것은 느낌이 다르다.

무조건 한자어와 사자성어를 쓰라는 의미가 아니다.

말을 잘하는 사람은 고유어와 한자어를, 고급유머와 통속적인 유머를 적재적소에 사용할 줄 아는 사람이다. 또한, 그들은 현인처럼 생각하고 범인처럼 말하는 데 능숙하다. 그래서 어려운 의미를 쉽게 표현하거나 생생하게 표현해서 귀에 쏙쏙 들리게 하는 재주가 있다.

꾸준한 독서와 표현, 그리고 연습만이 어휘력을 늘릴 수 있는 방법이다.

그런데 한국 사람들은 말을 아끼는 습관이 강했기 때문에 어휘력에 있어 부족함이 많다. 어휘력을 기르려면 우선 독서를 많이 해야 한다. 독서를 하다 보면 관용어나 비유 등의 수사가 다양해질 수 있기 때문이다. 또한, 자신의 언어, 자신만의 비유 등을 할 줄 알아야 하기 때문에, 독서를 하는 것에 그치지 않고, 그것을 활용해야 자기 것이 될 수 있다.

자 실전연습을 해보자.

'날씨가 좋다'에 대한 다양한 표현이다.

1. 날씨가 상쾌하다.
2. 날씨가 맑다.
3. 날씨가 온화하다.
4. 날씨가 티 없이 깨끗하다.

이번에는 '산이 좋다'를 갖고 표현해 보자.

1. 산이 아름답다.
2. 한 장의 엽서를 보는 것 같다.
3. 그림의 한 장면 같다.
4. 절경, 비경이 따로 없다.
5. 신선이 있다면 이곳에 머물 것처럼 산세가 좋다.

등으로 나타낼 수 있다.

'아름답다'라는 고유어와 '청초하다'와 '청아하다'의 느낌은 조금 다르다. 청초하다는 깨끗한 아름다움을 청아함은 맑은 아름다움을 뜻한다. 즉 의미는 같지만 느낌이 다를 수가 있다.

'불안하다'를 표현할 때 아슬아슬하다, 불안 불안하다, 좌불안석, 노심초사로 말할 수 있다.

'말의 앞뒤가 안 맞다'를 얘기할 때도 부조리하다. 모순적이다. 이율배반이다. 라는 말을 사용할 수 있다.

이처럼 고유어와 한자어의 느낌은 편안함과 딱딱함, 자유로움과 격식의 느낌으로 비교될 수 있다. 특히 한자어는 뜻과 뜻이 합쳐져서 의미가 발생하는 경우가 많은 만큼 표현에 따라 뉘앙스가 다를 수 있다.

어휘구사력이 좋은 사람은 때와 장소에 따라 같은 의미를 다양하게 표현할 수 있는 사람이다.
가령, 사석에서 어떠한 질문에 대답할 때 "질문은 쉽지만, 대답은 어렵네요."라고 말할 수 있지만, 공식적인 자리에서는 "질문에 난이도가 있어 변별력을 갖추기가 어렵네요."라고 표현하는 것이 적합할 수도 있다.

이처럼 고유어와 한자어의 분간을 자유자재로 한다면 그 다음에는 비유적 표현을 잘 다룰 줄 알아야 한다. 왜냐하면, 비유적인 표현은 상황을 생생하게 나타낼 뿐만 아니라, 재미있는 요소도 주기 때문에 일석이조의 효과를 거둘 수 있다.

가령, '기분이 좋다'의 표현은 '기분이 너무 좋다. 떨 듯이 기분이 좋다. 당장에라도 날아갈 듯이 기분이 좋다.' 등으로 나타낼 수 있다.

또한 관용어의 사용도 중요하다. 관용어란 사람들이 습관적으로 사용하는 비유를 얘기한다.

가령, 적은 월급을 '쥐꼬리 만 한 월급', 장사가 안 될 때 '파리만 날린다.'라는 표현. 화가 나서 쳐다볼 때를 '눈에 쌍심지를 켜고 보네.' 무관심할 때 '강 건너 불구경 하듯이', 열심히 노력했는데 다른 사람이 채 갈 때, '닭 쫓던 개 마냥' 등의 표현을 하면 더 생생하다는 얘기다.

조금 더 고급스러운 관용어도 있다.

예를 들어, 좋은 결과이지만 그 안에는 나쁜 징조가 담겨있을 때 '독이 든 성배'라는 비유, 상대에게도 영향을 주지만, 나에게도 영향을 미칠 때 '양날의 검', 이러지도 저러지도 못하는 상태를 '뜨거운 감자' 아름답지만 그 안에는 날카로움이 있을 때 '가시 돋은 장미' 등의 표현이다. 그리고 더 나아가서 명언과 사자성어, 속담의 비유도 있다.

예컨대, '서로 비슷하네.'라는 표현을 '가재는 게 편이다.', '초록은 동색이다.', '유유상종'등의 속담과 사자성어로 표현할 수 있다.

또한, '위태로운 상황'을 '백척간두', '풍전등화', '사면초가'등의 사자성어로도 나타낼 수가 있다.

봄에 대한 표현도 다채로울 수 있다.
아지랑이가 피어나는 봄, 겨울이 녹아 봄을 맞이하는, 겨우 내내 얼어붙은 땅이 소생 하는 봄, 차가운 바람을 견뎌내며 여린 꽃봉오리를 드러내는 봄, 스멀스멀 따스한 기운이 올라오는 봄 등 수 없이 많은 표현을 해 봐야한다.

이번에는 행복으로 표현을 옮겨보자.
마음이 따스해지는 행복, 더할 나위 없는 행복감, 세상을 다 가진 것 같은 느낌, 그 어떤 말로도 형용할 수 없는 기분 등으로 다양하게 표현할 수 있다.

다음은 '저기 하늘에 어린 새가 날고 있습니다.'에 대한 다양한 표현이다.
한 마리의 새가 하늘을 비행한다. 어미 새의 품을 찾기 위해 그리움의 날개 짓을 한다. 먹이를 찾기 위한 몸부림을 하는 작은 새, 어리디 어린 새가 힘찬 도약의 날개 짓을 하듯 창공을 훨훨 난다 등 여러 가지 표현을 해볼 수 있다.

어휘력은 한 순간에 늘지 않는다.

꾸준한 독서와 표현, 그리고 연습만이 어휘력을 늘릴 수 있는 방법이다.

그런 의미에서 어휘력을 늘린다는 것은 표현을 다양화 할 수 있는 중요한 요소이다.

1. 어휘력의 핵심은 고유어와 한자어
2. 독서나 글쓰기를 통해 어휘력 향상
3. 생동감 있는 비유를 통한 어휘표현

 **어휘의 종류**

어휘력을 키우는데 가장 중요한 부분은 고유어와 한자어를 많이 아는 것이다. 고유어는 순우리말, 한자어는 한자로 된 말을 얘기한다.

고유어는 원래부터 국어에 있었던 순우리말로써 '깨끗하다', '아름답다', '시무룩하다' 등의 말을 얘기한다.

어휘에서 가장 어려운 부분 중 하나가 바로 '한자어'이다. 필자는 사대주의는 아니지만 실제로 우리나라 말에 한자가 차지하는 비중이 크다는 것을 부인할 수는 없다. 그리고 한자어를 모르고 어휘의 폭을 넓힐 수가 없다.

그런데 한자어가 어려운 이유는 한자어 대부분이 뜻과 뜻이 합쳐진 말이기 때문이다. 그렇기 때문에 단어마다 뉘앙스의 차이가 조금씩 다르기 때문에 복잡 미묘한 부분이 많다. 가령, '행색이 초라하다.'는 말을 '비루하다.', '남루하다.', '미천하다.'라고 쓸 수 있으며 그 느낌은 조금씩 다르다. 또한 '유려하다'와 '수려하다'는 비슷한 의미지만 계곡이나 모양을 나타낼 때 유려하다는 말을 쓰고 용모를 얘기할 때 수려하다는 말을 쓰는 것처럼 단어에 따라 쓰임새도 달라질 수 있다.

그리고 의성어와 의태어의 사용에 따라 표현을 다채롭게 할 수 있다.

의성어는 '삐악삐악', '쨱쨱'처럼 소리를 나타내는 말이고, 의태어는 '꿈틀꿈틀', '아장아장'처럼 행동을 나타내는 말이다.

이러한 의성어나 의태어는 표현의 생생함과 생동감을 나타낼 수 있다.

우리가 어떤 표현을 할 때 어휘력이 부족한 이유는 두 가지가 있다. 하나는 어휘의 뜻을 모를 때와 또 하나는 자주 사용하지 않아서 표현이 뜻은 알지만 떠오르지 않는 경우이다.

그렇기 때문에 우리가 지식을 안다고 아는 것이 아니라 표현할 수 있어야 '정확히 안다.'라고 말할 수 있는 것이다.

즉, 어휘의 뜻을 정확이 하는 것도 있지만 잘 사용하지 않아서 퇴색되었던 기억을 되살려 일상에서 잘 활용할 수 있기 위한 목적도 중요한 부분이다.

 고유어

먼저 고유어 즉, 순우리말에 대해 하나씩 알아보자.

- 구차하다
- 고리타분하다
- 도량
- 몸부림
- 부스럼
- 버리다
- 시큰둥하다
- 수수하다
- 솎다
- 앙금
- 여실히
- 자지러지다
- 추근대다
- 하소연
- 구수하다
- 다독이다
- 마구잡이
- 무디다
- 멋스럽다
- 성가시다
- 새콤하다
- 수북하다
- 어렴풋이
- 우려내다
- 여울지다
- 재다
- 촘촘히
- 허드렛일

'구차하다'는 의미는 주로 변명과 같이 써서 '구차한 변명 하지 마.'라는 표현으로 많이 쓰인다. '여실히'는 '분명히'라는 의미와 같다. '도량'은 넓은 마음과 헤아림을 말하며 '앙금'은 침전물을 가리키는 말로써 보통은 마음속에 남아있는 찌꺼기를 얘기할 때 쓰인다.

'성가시다'는 귀찮게 할 때, '솎다'는 촘촘히 있는 것을 골라서 뽑아낼 때 쓰고, '우려내다'는 어떤 것을 액체에 담가서 성분이나 맛을 더하게 할 때 쓴다. '촘촘하다'는 빽빽하다는 의미로 사이가 좁을 때 쓰는 말이며, 반대말은 사이가 뜰 때의 의미로 '성글다', '성기게 하다'의 말이 있다.

'여울지다'는 물살이 세게 흘러 작은 소용돌이를 이룰 때 쓰는 말이고 '허드렛일'은 중요하지 않는 허름한 일을 말한다.

구차한 변명 하지마.
너무 고리타분한 설명은 사람들이 안 좋아해.
그 친구는 참 도량이 넓다.
괜히 긁어 부스럼 만들지 마.
아직 나한테 앙금이 남아 있는건 아니지?
수북하게 쌓여 있는 눈을 보니 작년 크리스마스 생각나네.
그 얘기를 듣고 웃겨서 난 자지러질 뻔 했어.
이번 사건으로 인해 내 잘못이 아님이 여실히 드러났어.
어렴풋이 옛 생각이 날 때가 있어.

다음은 중간 난이도의 고유어 표현이다.

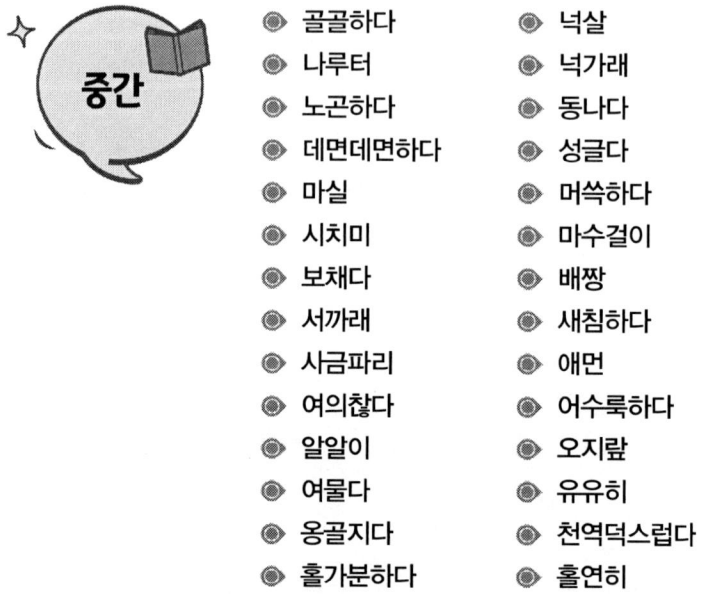

- 골골하다
- 나루터
- 노곤하다
- 데면데면하다
- 마실
- 시치미
- 보채다
- 서까래
- 사금파리
- 여의찮다
- 알알이
- 여물다
- 옹골지다
- 홀가분하다
- 넉살
- 넉가래
- 동나다
- 성글다
- 머쓱하다
- 마수걸이
- 배짱
- 새침하다
- 애먼
- 어수룩하다
- 오지랖
- 유유히
- 천역덕스럽다
- 홀연히

'골골하다'는 '시름시름 앓다.'의 의미로써 한자어의 '병약하다'와 같은 표현이고, '넉살'은 부끄러운 기색이 없는 것을 말하며 '나루터'는 강이나 좁은 바다의 정박시설을 말한다. '넉가래'는 눈 같은 것을 치우는 연장, '데면데면하다'는 만났을 때 어색한 표현, '성글다'는 물건의 사이가 뜰 때, '마실'은 산책을 말한다.

'마수걸이'는 맨 처음을 뜻하고, '사금파리'는 깨진 그릇을 말하며, '애먼'은 결과가 달라져서 억울하게 느껴질 때를 말한다. '알알이'는 한 알 한

알마다의 부사를 말하고 '오지랖'은 겉옷의 앞자락을 말하는데 보통은 참견을 얘기하며, '옹골지다'는 속이 꽉 차있을 때를 말한다.

> 너무 몸이 골골한 거 아냐?
> 점심을 일찍 먹었더니 몸이 노곤해 지네.
> 오랜만에 만나서 그런가? 좀 서로 데면데면한 거 같아.
> 칭찬을 들으니 괜히 머쓱해 지네요.
> 첫 타석부터 마수걸이 홈런을 쳤네.
> 판매 한 지 얼마 되지도 않았는데 벌써 물건이 동났네.
> 일을 마무리 했더니 마음이 한결 홀가분하네.
> 애먼 사람 의심하지 말고 제대로 조사하세요.
> 저기 고양이가 사람을 피해 유유히 사라지고 있네요.

다음 역시 중간 난이도 수준의 고유어 표현이다. 모르는 어휘는 제대로 습득하고 아는 어휘라도 활용할 수 있도록 연습을 해보자.

중간

- 곤두박질
- 굼뜨다
- 데치다
- 뒷바라지
- 시시콜콜하다
- 우거지다
- 미지근하다
- 오롯이
- 곤두서다
- 다소곳이
- 두리번거리다
- 수놓다
- 설익다
- 어수선하다
- 말쑥하다
- 부아

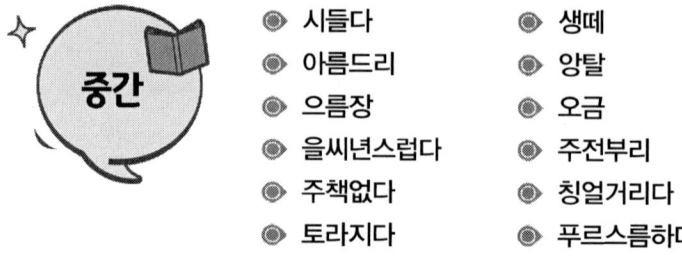

- 시들다
- 아름드리
- 으름장
- 을씨년스럽다
- 주책없다
- 토라지다
- 생떼
- 앙탈
- 오금
- 주전부리
- 칭얼거리다
- 푸르스름하다

'곤두박질'은 몸이 뒤집혀서 갑자기 거꾸로 내리박힐 때를 말하고, '곤두서다'는 신경이 일어날 때, '굼뜨다'는 행동이 느릴 때를 말한다. '데치다'는 물에 넣어 살짝 익힐 때, '수놓다'는 글씨, 무늬 따위를 써 넣을 때, '우거지다'는 나무 따위가 무성해질 때, '오롯이'는 모자람 없이 온전할 때를 말한다.

'부아'는 분한 마음을 말하고, '생떼'는 억지로 쓰는 떼를 말하며, '앙탈'은 생떼를 쓰고 고집을 부리거나 불평을 늘어놓는 짓이지만 나쁜 의미보다는 애교 섞인 불평의 느낌이 있다. '아름드리'는 둘레가 한 아름이 넘을 때, '으름장'은 협박을 말한다. '오금'은 뒷무릎, '을씨년스럽다'는 분위기가 음산할 때를 얘기한다. '주전부리'는 맛이나 재미 삼아 먹는 간식을 말하는 순우리말이다.

주가가 1000포인트로 곤두박질 치고 있어.
행동이 너무 굼뜬 거 아냐?
시시콜콜한 유머 하지마.
괜히 생떼 부리지 말고 얌전히 있어.
아름드리 한 아름 꽃을 들고 서 있는 저 남자 멋있지 않아?
왜 저한테 으름장을 놓고 그러세요?
나는 지금도 부모님의 오롯한 사랑을 잊을 수가 없어.
부아가 치밀어 말이 안 나오네.
주전부리로 과자를 사먹는 건 어때?

다음은 어려운 난이도의 고유어 표현이다.

- 미대다 : 남에게 밀어 넘기도
- 모르쇠 : 잡아 때다.
- 달포 : 한달 남짓
- 깜냥 : 일을 해낼 능력
- 별충 : 충원
- 역성 : 한 쪽 편을 들다.
- 희나리 : 덜 마른 장작
- 용트림 : 거드름
- 옷비 : 잠시 내리는 비
- 꼲다 : 비평하다.

- 드레 : 사람의 점잖음
- 맵자하다 : 모양이 체격에 어울리다.
- 삭정이 : 나무에 붙은 채 말라죽은 가지
- 가늠 : 헤아림
- 골갱이 : 핵심
- 떼세 : 억지
- 여우비 : 잠깐 내리는 비
- 바장이다 : 오락가락 거닐다.
- 버르잡다 : 들쳐내다
- 오롯이 : 온전하다
- 고즈넉하다 : 조용하고 한적하다.
- 호젓하다 : 사람이 적어 외롭다.
- 도저하다 : 생각이나 학식이 깊은
- 저어하다 : 염려하거나 두려워하다.
- 시나브로 : 자신도 모르게 천천히
- 경도되다 : 마음을 기울여 사모할 때

'깜냥'은 어떤 일을 할 수 있는 능력을 말하고, '역성'은 한 쪽 편을 들 때, '역정'은 화를 말한다. '여우비'는 '웃비', '호랑이 장가가는 날'과 같은 의미로 잠깐 내리는 비를 말한다. '골갱이'는 말의 핵심을 얘기할 때 쓸 수 있다. '오롯이'는 어느 것 하나 부족하지 않고 온전할 때 쓰는 순우리말이고, '고즈넉하다'는 풍경이나 경치가 조용하고 한적할 때 쓰는 말이다. '호젓하다'는 사람이 별로 없을 때 외로움을 표현할 때 쓸 수 있다. '희나리'는 다 마르지 않은 장작, '떼세'는 억지를 말하며, '시나브로'는 '자신도 모르게 천천히'라는 고유어이다.

계속 모르쇠로 일관할 거야?
그 친구는 이 일을 할 수 있는 깜냥을 갖추고 있어.
지금 인원이 모자라는 데 좀 더 벌충해야 하지 않을까요?
왜 저 사람 역성만 드는 거야? 역정내지 말고 내 의견도 들어봐.
떠세 좀 떨지 말고 좀 차분히 생각해 봐.
이리저리 바장이지 말고 가만히 앉아 줄래?
오후부터는 여우비가 내릴 것 같다는 데요.
급진적인 변화보다는 시나브로 바뀌게 놔두는 것이 좋을 것 같아.
너의 말의 골갱이가 뭐야? 골자를 얘기해야 알 것 아냐.

 한자어

한자어는 둘 이상의 한자 결합으로 이루어진 어휘가 대부분이다. 그렇기 때문에 비슷한 말이라도 뜻의 뉘앙스가 다르기 때문에 미묘한 차이가 있을 수 있다. 특히, 한자어는 뜻과 뜻이 만나 의미를 이루는 경우가 많다. 물론 현대에 와서 고유어를 쓰려는 움직임이 많아졌지만 보다 풍부한 어휘를 익히기 위해서는 한자어를 충분히 알고 배워야 한다.

가련	각인	개재
남루	내색	동감
단아	멸시	멸망
모호	반증	배후
복수	복창	비하
배신	배반	반항
박복	복구	부진
상상	생동감	숙고
성의	신의	진위
수교	신속	솔선
선심	수절	수척
진부	조신	절개
절교	절규	환생
호탕	호의	항명

먼저 한자어의 쉬운 단어부터 알아보자.

'가련'은 어떤 대상이 가엾고 불쌍할 때 쓰는 말이다. '각인'은 도장을 새긴다는 의미로 어떤 것을 머릿속에 새겨 넣는 것을 말하고, '개재'는 어떤 것들 사이에 끼어 있을 때를 말하며 비슷한 말로 '개입'이란 말이 있다. '남루'는 낡아 해짐의 의미이고, '비루'는 행동이나 성질이 더러운 것을 말하며, '반증'은 반대되는 근거로 증명하는 것을 말하며, '배후'는 뒷배경을 말한다. '박복'은 복이 거의 없는 것을 말하고, '진위'는 참과 거짓을 말하며, '수절'은 정절을 지키는 것을 말한다. 그리고 '항명'은 명령에 대항하는 것을 말한다.

저기 가고 있는 여자 분 너무 가련해 보인다.
남루한 옷차림을 하고 구걸 하고 있더라고.
맞는 것 같기도 하고 틀린 것 같기도 한 모호한 답변이네.
얘기를 듣고 보니, 참 박복한 인생인 거 같네요.
별거 아닌 거 같고 너무 선심 쓰듯이 얘기하네.
여러 번 얘기해서 이미 마음 속에 각인되어 있어.
난 친구 사이에 가장 중요한 건 신의를 지키는 거라 생각해.
배후 세력이 누군 지 궁금하네.
요새 무슨 일 있어? 얼굴이 수척해 보이네.

또 다른 한자어를 공부해보자.

- 공식
- 길조
- 내홍
- 미화
- 비리
- 변형
- 봉함
- 소신
- 소소
- 성흔
- 양심
- 재량
- 전략
- 통찰

- 간수
- 고상
- 독선
- 미봉책
- 변장
- 배회
- 비통
- 성찰
- 알현
- 수완
- 우환
- 절감
- 창궐
- 획책

- 금자탑
- 고결
- 대진
- 부속
- 변모
- 반려
- 변별력
- 선견
- 재림
- 수청
- 완충
- 잠식
- 타성
- 행보

'간수'는 어떤 것을 잘 지킬 때 쓰는 말이고, '금자탑'은 어떤 쌓아 올린 업적을 비유적으로 부르는 말이며, '길조'는 좋은 징조 '흉조'는 나쁜 징조를 말한다. '고상'은 품위가 있을 때, '고결'은 성품이 순결하고 고상할 때를 나타낸다. '미봉책'은 '언 발에 오줌 누기'라는 속담과 같은 말이다. '성찰'은 마음을 반성하고 살필 때, '재림'은 부활할 때, '변별력'은 난이도에 따라 문제를 구분할 때 쓰인다.

또한, '수청'은 몸을 바쳐 시중을 들 때, '숙청'은 제거할 때의 의미로 사용할 수 있다. '앙심'은 마음속에 품은 앙갚음 하려는 마음을 말한다. '타성'은 타인의 소리를 말하며 보통 '타성에 젖는다.'라는 말로 비유한다. '행보'는 걸음걸음을 나타낸다.

전봇대 위에 까치를 보니 왠지 길조가 생길 것 같네.
그런 식으로 네 의견을 미화 시키지 마.
소신 있게 밀어 부쳐. 지금 와서 흔들리면 안돼.
그 친구한테 양심이 있는 게 아니라 서운해서 그런 거야.
타성에 젖는 것 만큼 위험한 건 없어.
고상한 척 하지마. 어차피 사람 위에 사람 없는 거야.
이번 정책도 미봉책이지 뭐. 언 발에 오줌 누기와 뭐가 달라?
이제는 우리 스스로를 성찰해야 할 때라고 생각해.
그 친구 사업 수완이 좋은 거 같아. 벌써 업계에서 최고래.

다음은 중간 난이도의 한자어이다.

◉ 可觀 (가관)
볼 만함. 부정적인 의미로 볼상 사나워 비웃음.
◉ 角逐 (각축) 뿔각 / 쫓을 축
뿔 달린 짐승이 서로 밀어내며 싸움.
◉ 看做 (간주) 볼 간 / 지을 주
그렇다고 보아 두거나 그렇게 여김.
◉ 談合 (담합) 말씀 담 / 힙할 합.
◉ 霧散 (무산) 안개 무 / 흩어질 산
안개가 개듯이 흔적 없이 흩어짐.
◉ 示唆 (시사) 보여줄 시 / 부추길 사
미리 암시(暗示) 하여 알려 줌.
◉ 刷新 (쇄신) 씻을 쇄 / 새로울 신
◉ 會同 (회동) 모일 회 / 모일 동
같은 목적으로 여럿이 모임.
◉ 杞憂 (기우) 기나라 기 / 근심할 우
쓸데없는 근심.
◉ 老益壯 (노익장) 늙을 노 / 더욱 익 / 씩씩할 장
나이를 먹어도 더욱 원기가 있음.
◉ 矛盾 (모순)
창과 방패, 이치에 맞지 않음.
◉ 咫尺 (지척) 여덟치 지 / 자 척
짧은 거리
◉ 絢爛 (현란) 무늬 현 / 두드러질 란
눈부시게 빛나고 아름다움

'가관'은 보통 부정적인 의미로 볼 만하다는 의미로 쓰이고, '각축'은 뿔 달린 짐승이 서로 싸울 때, 호각지세라는 의미로 쓰인다. '담합'은 나쁜 의미로 서로 말을 맞춰 합할 때 사용할 수 있다. '쇄신'은 이미지 쇄신처럼 과거를 청산하고 새롭게 쌓아갈 때, '회동'은 삼자 회동처럼 같은 목적으로 여럿이 모일 때 사용한다. '기우'는 기 나라의 근심이라는 의미로 쓸데없이 걱정할 때 활용할 수 있다. '노익장'은 나이를 먹어도 원기가 있다는 의미로 '노익장을 과시하다.'라는 의미로 활용할 수 있다. '지척'은 여덟 자 정도의 짧은 거리를 말하며, '목적지가 지척이다.'라고 할 때처럼 가까운 곳을 말할 때 쓰인다.

참 볼수록 가관이네. 어떻게 그럴 수가 있지?
저 둘이 각축을 벌이는 것 같네. 과연 승자는 누굴까?
이번에도 담합 했지 뭐. 금융위원회에서 조사해 봐야지.
이번 사건이 시시하는 바가 커. 우리도 좀 각성해야 할 것 같아.
우리도 분위기 쇄신해야 해야 해. 그렇지 않으면 희망이 없어,
제 2차 회동에서는 보다 발전적인 논의가 있었으면 해요.
네 생각은 기우에 불과 해. 일어나지 않을 생각을 할 필요는 없어.
노익장을 과시해 봤지만 힘이 부치는 건 사실이야.
이제 목적지가 지척이야. 조금만 더 힘을 내자.

또 다른 중간 난이도의 한자어를 살펴보자.

- 籠城(농성) 쌀 농 / 성 성
  성문을 구데 닫고 성을 지킴
- 白眉(백미) 눈썹 미
  많은 것 중에 가장 뛰어난 것
- 浮刻(부각) 뜰 부 / 새길 각
  사물의 특징을 두드러지게 드러냄
- 猥濫(외람) 함부로 외 / 퍼질 람
  생각이나 행동이 도리에 지나침
- 戰慄(전율) 싸울 전 / 두려워할 율
  몹시 두려워 벌벌 떨리는 것
- 播多(파다) 뿌릴 파 / 많을 다
  소문 따위가 널리 퍼져 있음
- 偏向(편향) 치우칠 편 / 향할 향
  한쪽으로 치우침
- 享有(향유) 누릴 향 / 있을 유
  누리어 가지는 일
- 浮揚(부양) 뜰 부 / 오를 양
- 恐慌(공황) 두려워할 공 / 다급할 황
  극도의 호경기 끝에 나타나는 혼란
- 糾彈(규탄) 꼴 규 / 튕길 탄
  여럿이 모여 어떤 잘못을 조사하여 탄핵
- 難航(난항) 어려울 난 / 향해할 항
  향해하기 어려움
- 如反掌(여반장) 같을 여 / 뒤집을 반 / 손바닥 장
  쉽기가 손바닥 뒤집는 것
- 靜中動(정중동)
  움직임이 없는 가운데 움직임이 있음

'농성'은 성문을 굳게 닫고 성을 지킨다는 의미로 '농민들이 FTA 반대로 농성을 한다.'라는 기사처럼 사용할 수 있다. '백미'는 하얀 눈썹이라는 의미로 많은 것 중에서 뛰어난 것을 지칭할 때, '외람'은 생각이나 행동이 도리에 어긋날 때 사용한다. '편향'은 한 쪽으로 의견이나 생각이 치우칠 때, '공황'은 경제공황처럼 호경기 끝에 나타난 혼란을 표현할 때 쓰인다. '난항'은 항해하기 어렵다는 의미로 '여반장'은 손바닥 뒤집듯이 쉽다는 표현으로 '정중동'은 움직임이 없는 가운데 움직임이 있을 때 사용한다.

> 영화의 백미는 바로 마지막이야. 끝까지 봐.
> 너무 단점만 부각 된 것 같아. 충분히 장점이 많은 데도 말이야.
> 외람된 말씀이지만, 제 생각엔 그건 아닐 것 같은데요.
> 요새는 너무 편향된 생각이 많아. 다양한 의견을 수렴해야 민주적인 거지.
> 너 혼자 즐기지 말고 좋은 것이 있으면 향유하는 미덕이 있어야지.
> 앞으로 공황상태가 올 수가 있으니 대비해야 해. 이런 호경기일수록 말이야.
> 저 단체를 규탄해야 해. 너무나 많은 피해를 주고 있잖아.
> 우리가 현재 난항을 겪고 있지만. 보다 나은 미래를 위한 도약으로 삼자.
> 한국무용은 정중동의 미가 있어. 그게 바로 현대무용과 다른 부분이지.

 외래어

외래어는 외국어 중에서 한국어에 동화되어 한국어로써 사용되는 언어를 말한다. 사실 외래어의 홍수라고 말해도 과언이 아닐 정도로 한국어에서 많은 부분을 차지하고 있다. 하지만 무분별하게 사용하거나 정확한 뜻을 모른 채 쓰는 경우가 많기 때문에 하나하나씩 짚고 넘어가면 좋을 듯하다.

'멘토'는 현명하고 신뢰할 수 있는 상담 상대, 지도자, 스승, 선생을 의미한다. '갈라쇼'는 축하하기 위하여 벌이는 공연이라는 뜻으로, 주로 클래식 음악과 피겨스케이팅 분야에서 열린다. '갈라(gala)'라는 말은 이탈리아 전통 축제의 복장에서 유래된 말이다. '리사이클'은 재활용을 의미한다. '블랙 컨슈머'는 기업 등을 상대로 부당한 이익을 취하고자 제품을 구매한 후 고의적으로 악성 민원을 제기하는 자를 말한다. '시에스타'는 라틴아메리카 등지에서 이른 오후에 자는 낮잠 또는 낮잠 자는 시간을 말하고, '파티시에'는 제과와 관련된 요리사를 말하는 프랑스어이다. '소믈리에'는 포도주를 전문적으로 서비스하는 사람 또는 그 직종. 포도주를 관리하고 추천하는 직업이나 그 일을 하는 사람이며, '바리스타'는 즉석에서 커피를 전문적으로 만들어 주는 사람을 일컫는 이탈리아 용어이다. '컬트'는 기성의 질서를 중시하지 않고 파괴적으로 보는 경향을 말하며, '랑데부'는 인공위성이나 우주선이 공간에서 만나는 것에서 유래된 말이며, 보통 만남이나 화합의 의미로 사용한다.

> 나 여기서 아무래도 블랙컨슈머로 찍힐 기 같아. 너무 까다롭게 굴었나 봐.
> 파우더 룸은 거실 끝에 있어. 잘 찾아 봐.
> 올 해는 갭이어를 가져야겠어. 여러 가지를 도전해 보려고.
> 이번 영화는 컬트적이라고 하네. 그래서 대중적으로는 인기가 없어.
> 큐레이터는 미술관에서 작품 전시에 관련된 일을 하지.
> 요새는 바리스타가 참 많아. 그래서 커피를 더 맛있게 먹을 수 있어.
> 파티시에가 만든 거야. 이 빵 진짜 맛있지 않아?
> 브라질에는 시에스타가 있어서 낮에는 잠을 자곤 하지.
> 이 와인은 여기 소믈리에가 직접 추천해 준 거야. 한 번 마셔봐.

 속담

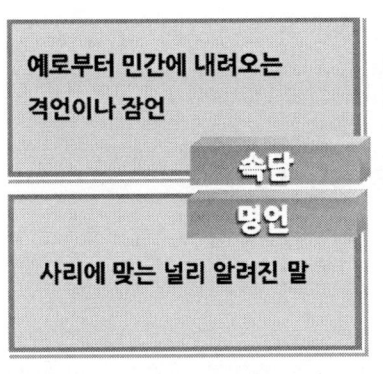

속담은 예로부터 전해 내려오는 격언이나 잠언을 말한다. 경험에서 우러났기 때문에 더욱 지혜롭고 통찰력이 있다고 할 수 있다. 대부분의 속담은 흔히 사용할 수 있는 관용어이기 때문에 많이 알아두면 유용하게 활용할 수 있다.

가는 말이 고와야 오는 말이 곱다
가랑비에 옷 젖는 줄 모른다
가랑잎이 솔잎더러 바스락거린다고 한다
가재는 게 편이라
가지 많은 나무에 바람 잘 날 없다
간에 가 붙고 쓸개에 가 붙는다
간에 기별도 안 간다

간이 콩알만해지다
갈수록 태산, 갑싼 것이 비지떡
같은 값이면 다홍치마, 구슬이 서 말이라도 꿰어야 보배다
개구리 올챙이 적 생각 못한다. 고양이 쥐 생각한다
개밥에 도토리. 고양이 목에 방울 달기
개똥 밭에 굴러도 이승이 낫다
개천에서 용난다. 고래싸움에 새우 등 터진다
귀에 걸면 귀걸이 코에 걸면 코걸이

'가지 많은 나무에 바람 잘 날 없다'는 주로 집안에 형제나 자녀가 많을 때 다양한 사고가 벌어지기 때문에 하는 말이고, '같은 값이면 다홍치마'라는 말은 '보기 좋은 떡이 먹기도 좋다'와 일맥상통하는 말이다. '고양이 쥐 생각한다.'라는 말은 고양이가 먹이인 쥐를 생각할 리가 없기 때문에 모순적인 상황을 말할 때 쓰고, '고양이 목에 방울 달기'는 그만큼 어렵다는 의미로 사용할 수 있다. '귀에 걸면 귀걸이 코에 걸면 코걸이'는 '말을 어디에 갖다 붙이기 나름이다'라는 의미로 사용할 수 있다.

금강산도 식후경
까마귀 날자 배 떨어진다
꿩대신 닭. 꿩 먹고 알 먹기
남의 잔치에 감 내와라 배 내와라 한다
내 코가 석자. 누워서 침 뱉기

달면 삼키고 쓰면 뱉는다
닭 잡아 먹고 오리발 내민다
돌 다리도 두들겨 보고 건너라
되로 주고 말로 받는다
등잔 밑이 어둡다. 땅 짚고 헤엄치기
마른 하늘에 날벼락. 목구멍이 포도청
바늘 도둑이 소 도둑 된다. 배보다 배꼽이 더 크다
벼룩의 간 빼먹기. 병 주고 약 준다
사공이 많으면 배가 산으로 간다

'까마귀 날자 배 떨어진다.'는 '오비이락'이라는 사자성어로 전혀 상관 없는 일이 동시에 일어난다는 의미로 주로 나쁜 일이 우연히 발생할 때 사용할 수 있다. '누워서 침 뱉기'는 누워서 침을 뱉으면 자기 얼굴에 침이 묻으므로 결국 '제 살 깎아먹기'와 같은 의미로 사용할 수 있다. '달면 삼키고 쓰면 뱉는다.'는 '감탄고토'라는 사자성어와 같고, '되로 주고 말로 받는다.'는 주로 나쁜 의미로 공격을 했는데 더 큰 피해를 입었을 때 사용할 수 있다. '등잔 밑이 어둡다.'는 '풍전등화'라는 의미로 바로 앞 상황이나 예측을 할 수 없을 때 쓰고, '사공이 많으면 배가 산으로 간다.'는 주위에 훈수나 지시를 하는 사람이 많으면 목표와는 다른 방향으로 간다는 의미이다.

소 뒷걸음질 치다가 쥐 잡기
소문난 잔치에 먹을 것 없다
아닌 밤중에 홍 두께
약 방의 감초
원수는 외 나무 다리에서 만난다
종로에서 뺨 맞고 한강 가서 화풀이한다
좋은 약은 입에 스다
쥐공에도 볕 들 날이 있다
지렁이도 밟으면 꿈틀한다
천 리 길도 한 걸음부터
칼로 물 베기
콩 심은 데 콩 나고 팥 심은 데 팥 난다
티끌 모아 태산
핑계 없는 무덤 없다

'소 뒷걸음질 치다가 쥐잡기'는 우연히 어떤 행동을 했는데 무언가 얻어걸렸을 때 사용하는 말이고, '아닌 밤중에 홍두깨'에서 홍두깨는 옷감을 감아서 다듬을 때 쓰이는 도구로 밤에 홍두깨가 갑자기 나타난다는 의미로 황당할 때 사용한다. '좋은 약은 입에 쓰다.'는 '양약고어구'라는 성어로 바꿔서 사용할 수 있다. '칼로 물 베기'는 주로 부부싸움을 나타낼 때 금방 풀어지는 경우가 많기 때문에 사용하고, '콩 심은 데 콩 나고 팥 심은 데 팥 난다.'는 원인에 따라 결과가 생긴다는 의미이다. '티끌 모아 태산'은 '우공이산'과 비슷한 의미로 천천히 노력을 하다보면 좋은 결과가 생긴다는 의미로 쓰고, '핑계 없는 무덤 없다'는 어떤 일이건 반드시 핑계가 있기 마련일 때 사용할 수 있다.

말을 풍요롭게 하는 데 있어서 속담은 매우 중요한 역할을 하고 있다.

가령, 어떤 성공한 사람이 늘 겸손한 태도를 취하고 손윗사람이든 손아랫사람이든 늘 배우려는 자세를 가지는 것을 보고 '벼는 익을수록 고개를 숙인다.'라고 말을 하면 그 상황을 함축적으로 표현할 수가 있게 되는 것이다.

또한, 어떤 직원이 상사에게 혼나서 부글부글 대다가 부하 직원에게 모라고 하는 것을 보고 '종로에서 뺨 맞고 한강에서 화풀이한다.'라고 간결하게 표현할 수도 있다.

이렇게 속담은 함축적이고도 쉽게 상황을 설명한다는 점에서 매력적이다.

예전에 술자리에서 친구 한 명이 여자에게 차이고 혼자서 어울리지 못하고 대화에도 끼이지 못하는 것을 보고 어떤 친구가 그 친구에게 왈 "낙동강 오리알 신세 같다."라고 얘기한 적이 있었다.

그리고 한 번은 한 친구 중에 출세한 친구가 있었는데, 그 친구가 잘나가던 시절 다른 친구들 앞에서 "내 차 한 번 몰면 여자가 줄을 서지.", "돈이 하도 많아서 어떻게 써야 할지를 모르겠다." 라고 얘기하자, 친구 중 한 명이 "넌 개구리 올챙이 시절 모르는구나. 예전에 네가 힘들고 돈이 없던 시절을 생각해봐."라고 얘기를 했다.

또한, 속담은 유머적 비유로도 활용할 수가 있다.

가령, '열 번 찍어 안 넘어가는 나무 없다.'는 '열 번 찍어 안 넘어가는 나무는 사다리 타고 올라가라.'라고 재미있게 표현할 수도 있고, '소 잃고 외양간 고친다.'와 유사한 표현으로 '차 잃고 주차장 고친다.'로 또한, '낫 놓고 기역 자 모른다.'와 유사한 표현으로 '빨래집게 놓고 A자 모른다.'로 얘기할 수도 있다.

영화에서도 이런 속담은 많이 활용되고 있다.

예전에 영화 '타짜'에서 김혜수 씨가 화투를 치다가 같이 어울리던 '호구'의 돈을 화투로 뺏은 적이 있었는데, 그 '호구'가 "정 마담이 나한테 어떻게 이럴 수 있어?"라고 묻자, 김혜수 씨 왈, "원래 등잔 밑이 어두운 법이랍니다."라고 받아쳤다.

 **사자성어**

사자성어는 4자로 된 성어인데, 옛 이야기에서 유래되어 생긴 말로 비유적인 내용을 함축하고 있다. 옛 이야기에서 유래된 말로 대부분 4자로 된 성어가 많기 때문에 사자성어라 한다. 즉, 사자성어는 촌철살인처럼 한 마디로 상황을 정리할 수 있다는 점에서 매우 집약적인 표현이라고 할 수 있다.

- 교언영색
- 결자해지
- 과유불급
- 견물생심
- 우공이산
- 일취월장
- 사생결단
- 삼고초려
- 신출귀몰
- 시시비비
- 사면초가
- 조삼모사
- 청출어람
- 흑세무민
- 권토중래
- 기사회생
- 곡학아세
- 부하뇌동
- 유비무환
- 오월동주
- 수수방관
- 삼척동자
- 속수무책
- 사고무친
- 주마가편
- 천기누설
- 풍전등화
- 호연지기

'교언영색'은 아첨을 말하며, '권토중래'는 한번 싸움에 패하였다가 다시 힘을 길러 쳐들어오는 일, 또는 어떤 일에 실패한 뒤 다시 힘을 쌓아 그 일에 재차 착수하는 일을 비유하는 성어이다. '결자해지'는 매듭을 묶은 자가 풀어야 한다는 뜻으로, 일을 저지른 사람이 일을 해결해야 함을 비유한 한자성어이다. '곡학아세'는 자기가 배운 것을 올바르게 펴지 못하고 그것을 굽혀가면서 세속에 아부하여 출세하려는 태도나 행동을 가리키는 말이다.

'일취월장'은 날로 달로 나아가거나 발전해 나간다는 의미의 한자성어이고, '삼고초려'는 '유비가 제갈량을 만나기 위해 오두막집을 세 번이나 돌아보다'라는 뜻으로, 뛰어난 인재를 얻으려면 참을성 있게 정성을 다해야 한다는 말이다.

'사면초가'는 주위가 온통 초나라의 노래라는 의미로 적으로 둘러 쌓여 있을 때 사용하는 말이고, '조삼모사'는 송나라에 원숭이를 좋아하여 키우는 저공이란 인물이 원숭이에게 한 술수에서 유래된 말이며, 원숭이에게 아침에는 세 개, 저녁에는 네 개의 도토리를 주어서 현혹시켰다는 의미로 즉, 잔 술수를 이용해 상대방을 현혹시킬 때 사용한다.

나 이번에 다시 기사회생 했잖아.
뭔든지 적당히 해야 해. 과유불급이라는 말이 있잖아.
견물생심이야. 그러니 쇼핑을 좀 자제 해 봐.
그 사람 완전 신출귀몰이야. 동에 번쩍 서에 번쩍 한다니까.
시시비비를 가려서 논의 해 봐요. 너무 얘기가 주먹구구식이니까.
수수방관하지 말고 와서 좀 도와줘.
사업을 하면서 사면초가의 느낌을 몇 번 받았어. 사방이 적이더라고.
주위사람들 말에 부화뇌동 하지 말고 중심을 잡아.
아무리 원수라 해도 일을 할 때는 다 오월동주의 경우도 있어.

가가호호(家家戶戶) 집집마다
가담항설(街談巷說) 길거리에 떠도는 소문
가렴주구(苛斂誅求) 세금 같은 것을 가혹하게 받고 국민을 못살게 구는 일
가인박명(佳人薄命) 아름다운 사람은 운명이 기박함
각골난망(刻骨難忘) 은덕을 입은 고마움이 마음 깊이 새겨져 잊혀지지 아니함

각주구검(刻舟求劍) 어리석고 융통성이 없음
간담상조(肝膽相照) 서로의 마음을 터놓고 사귐
갈이천정(渴而穿井) 목이 말라야 우물을 팜
감언이설(甘言利說) 남의 비유에 맞도록 꾸민 달콤한 말
감탄고토(甘吞苦吐) 달면 삼키고 쓰면 뱉는다
갑남을녀(甲男乙女) 평범한 사람
갑론을박(甲論乙駁) 자기 주장을 세우고 남의 주장을 반박함
강구연월(康衢煙月) 태평한 시대의 평화로운 풍경
개과천선(改過遷善) 허물을 고치어 착하게 됨

'가가호호'는 집집마다를 나타낼 때 쓰는 말이고, '가담항설'은 길거리에 떠도는 소문을 말할 때 사용하며, '가렴주구'는 가혹하게 국민을 못살게 구는 정치를 말한다. '각골난망'은 뼈가 부서져도 은혜를 잊지 못할 때를 말하고, '간담상조'는 서로의 간과 쓸개를 서로 보이는 사이라는 의미로 마음을 터놓고 사귀는 사이를 말할 때 사용한다. '갈이천정'은 목마른 사람이 우물을 판다라는 의미로 '강구연월'은 태평한 시대에 평화로운 풍경을 말한다. '개과천선'은 예전의 허물과 잘못을 고쳐서 착하게 행동하는 것을 말한다.

가가호호 방문 해야지. 어디는 가고 어디는 가지 않으면 안 돼.
그런 건 다 가담항설이야. 실제로 밝혀진 것은 없잖아.
가인박명이라는 말이 맞을까? 정말 미인은 오래 살지 못할까?
내가 어떻게 너의 은혜를 잊겠니? 각골난망이라는 말처럼 절대 잊지 못해.
감언이설로 사람을 꼬시지 말고 진심을 보여봐.
갈이천정이라는 말이 있잖아. 목마른 놈이 우물을 파겠지.
오늘 이 자리에 선남선녀, 갑남을녀 분들이 많이 오셨네요.
왜 토론만 하면 갑론을박부터 하려고 해? 일단 먼저 상대방의 의견을 들어.
개과천선이라는 마음으로 새해엔 다시 새롭게 시작해야지.

단금지교(斷金之交) 쇠를 자를 정도로 절친한 친구 사이를 말함
단도직입(單刀直入) 요점을 바로 말하여 들어감
대기만성(大器晩成) 크게 될 인물은 오랜 공적을 쌓아 늦게 이루어 냄
마이동풍(馬耳東風) 남의 말을 귀담아 듣지 아니하구 지나쳐 흘려 버림
막역지우(莫逆之友) 거역할 수 없는 친한 벗
부화뇌동(附和雷同) 주광이 없이 남들의 언행에 덩달아 쫓음
분골쇄신(粉骨碎身) 뼈는 가루가 되고 몸은 산산조각이 됨
사고무친(四顧無親) 사방이 둘러보아도 친한 사람이 없음
사면초가(四顧無親) 사방이 전부 적에게 싸여 도움이 없이 고립된 상태
사분오열(四分五裂) 여러 쪽으로 찢어짐 어지럽게 분열됨
사상누각(砂上樓閣) 기초가 약하여 오래가지 못할 일

> 어부지리(漁父之利) 둘이 다투는 통에 제 삼자가 이익을 봄
> 언중유골(言中有骨) 예사로운 말 속에 심상치 않은 뜻이 있음
> 역지사지(易地思之) 처지를 바꾸어 생각함

'단금지교'는 쇠를 자를 정도로 절친한 사이를 말하며, 막역지우, 관포지교와 같은 의미로 사용할 수 있다. '마이동풍'은 말의 귀에 동풍이라는 의미로 남의 말을 귀담아 듣지 않고 흘려버린다는 뜻이다. 비슷한 말로 '쇠귀에 경 읽기'라는 우이독경이라는 말이 있다. '부화뇌동'은 천둥소리에 맞춰 함께한다는 뜻으로 주관 없이 남들의 언행을 덩달아 쫓을 때 사용한다. '사고무친'은 사방을 둘러보아도 친한 사람이 없을 때, '언중유골'은 말 속에 뼈가 있을 때 사용할 수 있다. 또한, '역지사지'는 서로의 입장을 바꿔서 생각할 때 쓰는 말이라 할 수 있다.

> 우리 우정은 단금지교야. 어떤 경우든 신의를 저버리지 말자.
> 단도직입적으로 말해서 네 잘못이 뭔지 알아?
> 그 사람은 대기만성형이야. 함부로 판단을 내리지 않는 게 좋아.
> 내 말이 마이동풍처럼 들려? 쇠 귀에 경읽기야?
> 좀 더 분발해야지. 분골쇄신하는 마음으로 다음엔 꼭 합격할게.
> 현재 국론이 너무 사분오열 된 것 같아. 소통을 하려는 노력이 필요해.
> 기초가 얼마나 중요한 지 알아? 기초가 튼튼하지 않으면 사상누각처럼 돼.
> 어부지리로 내가 경품을 탔지 뭐야. 원래 당첨자가 경품을 포기 했나 봐.
> 그 사람들 말에 뼈가 있었어. 언중유골이지 뭐야.

토사구팽 兎死狗烹 사냥이 끝나니 사냥개를 잡아먹음
지록위마 指鹿爲馬 윗사람을 농락하여 권세를 마음대로 함
지성감천 至誠感天 지극한 정성에 하늘이 감동함
침소봉대 針小棒大 과장해서 말함
타산지석 他山之石 남의 허물에서도 배울 것이 있다는 뜻
탁상공론 卓上空論 실현성이 희박한 공산론
천인공노 天人共怒 하늘과 땅이 함께 분노한다는 뜻
천재일우 千載一遇 다시 얻기 어려운 좋은 기회
청출어람 靑出於藍 제자가 스승보다 나음
초지일관 初志一貫 처음 품은 뜻을 한결같이 꿰뚫음
촌철살인 寸鐵殺人 짧은 말로 어떤 일의 급소를 찔러 사람을 크게 감동
표리부동 表裏不同 겉과 속이 다름
풍수지탄 風樹之歎 부모가 돌아가신 뒤에 효도 못한 것을 후회함
풍전등화 風前燈火 바람 앞의 등불처럼 운명이 위태로움

'토사구팽'은 사냥이 끝나니 사냥개를 잡아먹는다는 고사성어에서 비롯된 말이고, '지록위마'는 윗사람을 농락해 권세를 쥐락펴락할 때 쓰는 말이다. '천인공노'는 하늘과 땅이 함께 분노한다는 의미이고 '타산지석'은 다른 산의 돌이라는 뜻으로 남의 허물에서도 배울 것이 있다는 의미로 쓰이고 반면교사와 같이 사용한다. '표리부동'은 겉과 속이 다를 때 사용하고, '풍수지탄'은 바람이 나무를 흔들 듯, 자식이 효도하려 할 때 부모는 이미 죽어 효행을 다하지 못하는 슬픔을 말하며, '맥수지탄'은 고국의 멸망을 한탄함

을 이르는 말. '기자(箕子)가 은(殷)나라가 망한 뒤에도 보리만 남았다'라는 말의 유래에서 나왔다.

> 이거야 말로 토사구팽 격이네. 단물만 쏙 빼먹고 말이야.
> 그 사람들 틈만 나면 부풀려서 얘기하더라. 그런 걸 침소봉대라고 하지.
> 내 친구의 경험을 타산지석 삼아서 교훈을 얻어야겠어.
> 탁상공론이 얼마나 무의미한 일 인 줄 알아? 그 시간에 실천을 해야지.
> 이번에 뉴스 봤어? 요새는 왜이리 천인공노 할 일이 많아졌을까?
> 이거야말로 천재일우의 기회야. 절대 놓치면 안돼.
> 청출어람이네. 네가 그 선생을 뛰어 넘은 것 같아.
> 그 사람 말은 핵심이 있어. 촌철살인과 같은 말이지 않아?
> 우리의 인생이 풍전등화나 다름없지 뭐. 한 치 앞도 모르는 인생.

말을 할 때 인용은 청중의 주의를 끄는 데 지대한 영향을 끼친다.

특히 사자성어는 촌철살인처럼 한 마디로 상황을 정리할 수 있다는 점에서 매우 집약적인 표현이라고 할 수 있다.

가령 "웃음은 매우 중요합니다." 라는 표현보다는 "일소 일소요 일로 일로"입니다. 라는 표현으로. 또한 "그 사람은 늘 자기 입장에서만 생각하고 말을 하고 남의 입장을 배려하지 않아."를 '아전인수'와 '견강부회'와 같은 집약적인 사자성어로 표현한다면 매우 효과적으로 청중의 이목을 집중시킬 수 있다. 그러려면 속담, 명언, 고사 성어에 대한 공부를 하는 것이 중요하다.

단순한 예시나 얘기보다 속담이나 격언, 고사 성어는 청중을 집중시킬 수 있는 커다란 힘이 있다.

'어떤 것을 하더라도 지나친 것은 안하는 것보다 못할 수 있습니다.' 라는 표현은 여러 가지로 말을 할 수 있지만, 간단하게 '과유불급'이라고 요약해 얘기한다면 오히려 촌철살인과 같은 비유가 될 수 있기에, 더 귀에 들어올 수가 있는 것이다.

이와 같이 속담이나 격언은 표현의 집약의 효과와 더불어, 함축적인 표현으로 청중의 귀를 사로잡을 수 있는 방법이기 때문에, 평소에 책을 많이 읽고, 명언을 많이 접하는 것이 중요하다.

 명언

속담과 사자성어가 함축적으로 화자의 말을 표현할 수 있다면 명언은 청중들의 마음을 움직이고 심금을 울릴 수 있는 표현이다. 동양의 명언은 논어와 손자병법이 대표적이고 서양의 명언은 탈무드를 비롯한 다양한 철학자들의 말이 유명하다고 할 수 있다. 다양한 상황에서 유명한 사람들의 말

을 인용한다면 보다 간결하면서 신뢰를 높일 수 있다는 장점이 있다.

하나하나 명언을 살펴보자. 먼저 대표적인 동양명언 중 일부이다.

●●● 동양명언

결단을 내리면 즉시 실천하라 - 손자병법
지피지기면 백전백승 - 손자병법
학문의 목적은 실행에 있다 - 논어
썩은 나무에는 조각을 할 수 없다 - 논어
예절에서 인격이 일어서고 음악에서 인격이 완성된다 - 공자
동트기 전에 새벽이 가장 어둡다 - 손자병법
물을 대신할 수 있는 음료는 없다 - 안준국
눈은 마음의 창이다.
죽은 자는 말이 없다.
뜻이 있는 곳에 길이 있다.

다음은 서양명언 중 일부이다.

●●● 서양명언

1%의 가능성 그것이 나의 길이다 - 나폴레옹
행운은 준비된 자가 기회를 만나는 것에 다름 아니다 - 윈프리
고통은 정신의 양식이다 - 파스칼
행복은 최고의 선이다 - 아리스토텔레스
폭력은 무능한 자의 마지막 위안이다 - 아이작 이시모프
역사는 2등을 기억하지 않는다. 누구도 항상 현명할 수는 없다 - 그라시안
철저한 준비만이 철저한 성취를 이룬다 - 그라시안
실패보다 어리석은 것은 그것을 행할 생각조차않는 것이다.
변화란 언제나 어려운 일이다. 그러나 생존을 위한 필수적인 요소다.

서양명언에서 탈무드는 대표적인 지혜가 담긴 유대인의 말이다. 특히, 놀라운 통찰력을 담고 있어서 알아두면 많은 도움이 될 것이다.

●●● 탈무드

가난은 수치가 아니다. 하지만 명예도 아니다.
단번에 바다를 만들지 마라
사람은 누구나 어른이 되지 않는다. 다만 나이를 먹을 뿐이다.
신 앞 에서는 울고, 사람 앞에서는 웃어라
이상적인 사람은 남자의 강인함과 여자의 부드러움을 갖춘다
아무리 친한 벗이라도 너무 가까이 하지 마라
인간은 입이 하나 귀가 둘이 있다.
여우의 머리가 되기 보다는 사자의 꼬리가 되라
정렬은 불이다. 그래서 없어서는 안되지만, 그만큼 위험하다.
자녀를 교육할 땐 엄하게 하라. 하지만 부모를 무서워해서는 안 된다.

IMF 시절 사업이 잘 안돼서 너무나 괴로워하던 그래서 손님이 줄어 음식사업을 접을지 말지를 고민하던 어떤 분이 우연히 TV를 보는데 이런 말이 나왔다고 한다. '위기를 기회로 바꿔라.' 그 말을 듣고 그 분은 용기를 낼 수 있었다.

오프라 윈프리는 어렸을 때부터 외모에 대한 놀림과 성폭행으로 얼룩진 사춘기 시절을 보내면서 하루하루 힘들어하던 그때 '내가 왜 그토록 고통을 당해야 하는가. 그 어떤 것도 생각하기 나름이잖아.'라고 긍정적으로 생각하기 시작했다고 한다. 그러면서 훗날 똑같이 고통을 받는 사람들에게 이렇게 말을 했다.

'자신의 상처를 지혜로 바꾸어라.' 라고

또한 윈프리는 행운이라는 것은 없다고 단지 '행운은 준비된 자가 기회를 만나는 것에 다름 아니다.'라는 멋진 말을 남겼다.

국내외 유명인과 정재계 인사들도 유명한 어록을 남겼다.

정주영 회장은 '시련은 있어도 실패는 없다.', 삼성 이건희 회장은 '경청'을. 동양화재 정진섭 대표는 '크고자 하거든 남을 섬겨라.' 현대 정몽구 회장은 '부지런하면 두려울 것이 없다.' 그리고 대우 김우중 회장은 '세상은 넓고 할 일은 많다.'라는 멋진 말을 남겼다.

이처럼 명언은 삶의 지혜와 통찰력이 담겨있는 함축의 의미가 있다고 할 수 있다.

 관용어

관용어는 사람들에게 많이 알려지고 사람들이 많이 쓰는 속담이나 비유를 말한다.

즉, 많은 사람들이 사용해서 자연스럽게 이해가 되는 말을 의미하는 것이다. 공감대가 형성되면서, 재밌는 표현이 많기 때문에 관용어를 잘 활용한다면, 말을 아주 재밌게 할 수 있게 된다. 가령, '접시 물에 코 박듯이, 똥인지 된장인지 구별 못하는, 늘어지게 자는, 자다가 코 베어가도 모르는' 등의 수많은 관용어를 사용한 표현이 있다.

●●● 관용어

쥐꼬리만한,	파리만 날리는
닭 쫓던 개처럼,	쥐구멍이라도 숨고 싶은
두 눈 시퍼렇게 뜨고,	미꾸라지 같은
소도 때려 잡을,	숨을 턱턱 막히게 하는
비 오는 날 먼지 나게,	우물안 개구리처럼
강 건너 불구경하듯,	창자가 끊어질듯한
죽 쑤어 개 주듯이,	우는 아이 사탕 주듯이
번갯불에 콩 볶듯이,	누워서 떡 먹듯이
병아리 오줌만한,	자다가도 벌떡 일어나듯이
도둑이 제발 저리듯이,	손이 발이 되듯이
쥐 잡듯이,	장님 코끼리 만지듯이

'쥐꼬리만큼'은 적은 월급', '닭 쫓던 개'는 열심히 무엇을 향해 갔는데 무위로 돌아갔을 때, '파리만 날리는'은 장사가 안 될 때 쓰는 말이다. '미꾸라지 같은'은 요리조리 상황을 피해갈 때, '번갯불에 콩 볶듯이'는 금방 일을 끝낼 때, '누워서 떡 먹듯이'는 그만큼 쉬운 일일 때, '병아리 오줌만한'은 양이 매우 적을 때, '손이 발이 되듯이'는 손이 발이 될 만큼 빌 때 사용할 수 있다. '장님 코끼리 만지듯이'는 어설프게 어떤 것을 알거나 이해할 때 사용하는 말이다.

이처럼 관용어는 많은 사람들이 사용하는 비유이기 때문에 이해와 공감이 용이하기 때문에 활용도를 높이면 도움이 될 수 있다. 즉, 이해가 쉽기 때문에 많은 사람들이 공감하는데 도움을 줄 수 있다는 애기이기도 하다.

쥐꼬리만한 월급으로 뭘 하냐?
늦게 들어가니까 아내가 두 눈 시퍼렇게 뜨고 날 쳐다 보더라고.
소도 때려 잡을 것 같은 기세로 덤벼들더라.
너 나한테 비 오는 날 먼지 나게 맞아 볼래?
와서 도와줘. 강 건너 불구경하듯이 보지 말고,
요새 장사 안돼, 파리만 날리고 있어.
민망해서 쥐구멍이라도 찾아서 숨고 싶더라.
미꾸라지처럼 요리조리 피해 다지니 말고 정면승부를 해.
숨을 턱턱 막히게 하는 불볕더위 아니냐?

 비유

비유는 스피치에 있어서 양념과 같다.

그리고 청중들에게 쏙쏙 들어올 수 있는 마법과 같은 역할을 한다. 관용어를 포함해 어휘력이 풍부한 사람은 주위 사람들을 즐겁게 만든다.

가령, "하늘이 무척이나 아름답다."라고 표현했다고 하자. 물론 저 표현도 때에 따라서 무척 담백할 수 있다.

하지만 맨밥이 담백하지만 텁텁하듯이, 밥을 갖고 비빔밥도 만들고, 김치덮밥, 죽, 치즈 볶음밥 등 다양한 활용을 한다면, 그 요리법이 풍부해질 수 있듯이, 하나의 표현을 다양하게 풀어낼 수 있다면, 풍부한 재미와 흥미를 전달할 수 있다.

비유법의 대표적인 종류에는 직유법, 은유법, 의인법, 대유법 등이 있다.

기본적으로 비유는 원관념과 보조관념이 존재한다. 직유법은 보조관념에 '~처럼, ~같이'라는 말을 붙여서 원관념을 보조관념에 직접적으로 연결하는 비유법이다. '구름이 한 폭의 수묵화 같다.'라는 문장에서 '구름'는 원관념이고 '한 폭의 수묵화'는 보조관념이다. 이때 '한 폭의 수묵화 같다.'라는 말을 붙여서 직접적으로 비유하는 것이다.

은유법은 간접적인 비유법이다. 위의 문장에서 '구름이 한 폭의 수묵화다.'라고 하는 것이 바로 은유법이다. 여기서 '구름'이 원관념이고 '한 폭의 수묵화'가 보조관념이다. 즉, 'A는 B이다.'의 형태로 원관념과 보조관념을 간접적으로 견주어 표현하는 고급스러운 비유라 할 수 있다.

이 외에 의인법은 무생물을 사람처럼 비유하는 것을 말하고 대유법은 어떤 한 부분을 가지고 그 자체나 전체를 나타내는 수사법이다.
국어를 잘하는 사람이 스피치도 잘할 수밖에 없는 원리이다. 평소에 어휘력이 없으면 비유도 맛깔스럽게 할 수가 없기 때문이다.

어휘력은 음식으로 따지면, 재료에 해당할 수 있다. 아무리 양념이 화려하다 해도 재료가 식상하면 음식 자체가 가벼워질 수밖에 없다.

다음은 다양한 비유의 예시이다.

기나긴 터널을 뚫고 나온,	온몸에 털이 서는듯한
대어를 낚기 위한 기다림,	부처가 자비를 베풀 듯이
동전의 앞 뒷면,	독이 든 성배
자장면을 비며 먹듯이 쉬운,	뺑소니 같은 사랑
양날의 검,	마트에서 명품 찾는 것처럼
카페라떼같이 달달한,	기계로 찍어내듯이
찔러도 피한 방울 안 날 것처럼,	날아가는 새도 떨어뜨리듯이
손바닥 만큼의 양심,	손 안대고 코 풀 듯이
가시 돋은 장미,	여탕에 혼자 있는 듯이
냉탕과 온탕을 넘나들 듯이,	00가 와도 뺨맞고 갈
미친 개한테 물린 것처럼,	잡은 고기에는 떡밥을 안주듯이
적장의 목을 베듯이,	고삐 풀린 망아지처럼

'동전의 앞뒷면'은 동전의 양면을 이야기하며, 어떤 성질의 양립과 두 가지 존재를 말할 때 쓸 수 있다. '독이 든 성배'는 '성스러운 잔이지만 그 안에 독이 들어 있다.'라는 의미로 축복 속에 위험이 도사려있을 때 사용할 수 있다. '양날의 검'은 칼로 상대방을 벨 수도 있지만 자충수처럼 스스로 베일 수도 있을 때 사용할 수 있다. '가시 돋은 장미'는 예쁘고 아름답지만 그 안에 가시가 있을 때 사용할 수 있다.

> 기나긴 터널을 뚫고 나온 것 같아. 이제 앞으로는 잘 되겠지.
> 이건 후퇴가 아니야. 대어를 낚기 위한 기다림이지.
> 우리는 떼려야 뗄 수 없는 사이야. 마치 동전의 앞 뒷면 같은 거야.
> 넌 너무 냉정해. 찔러도 피 한 방울 안 나올 것 같아.
> 손바닥만큼의 양심이라도 있어봐. 네가 사람이야?
> 예쁘긴 한데 가시 돋은 장미랄까? 너무 날카로워.
> 아직 기뻐하긴 일러. 독이 든 성배일지도 모르잖아.
> 옆에 분이 그 진상 처리했어. 나야 뭐 손 안대고 코 푼 격이지.
> 부부생활을 오래하려면, 부처가 자비를 베풀듯이 살아야 해.

　상황을 비유할 때도 많이 활용할 수 있다.

　특히 어떤 상황을 날씨나 음식, 교육으로 비유할 때 매우 이해하기 쉽고 재미를 줄 수가 있다.

> 1. 날씨, 여행 (비, 구름, 온난전선, 한랭전선, 홍콩)
> 2. 스포츠, 레저 (야구, 농구, 축구, 스키, 수영)
> 3. 주식, 부동산 (가치주, 우량주, 재개발, 알박기)
> 4. 교육 (정규과정, 선택과목, 로펌, 과외, 교과서)
> 5. 음식 (된장찌개, 뷔페, 메인코스, 에피타이저)
> 6. 옷 (기성복, 맞춤복, 정장, 세미정장, 밝음질)
> 7. 게임, 엔터테인먼트 (송중기, 김태희, 오락프로)

　예를 들면, 위기에서 다시 역전을 꿈꿀 때, '인생은 9회 말부터', 인기나 위치가 달라졌을 때, '어렸을 때는 내 주가가 500포인트였지만 지금은

2000포인트 정도'라고 비유할 수 있다. 리더십에서 결정력이 없을 때는 '드리블과 어시스트는 잘하는데 골 결정력이 부족하다.'라고 축구나 농구로 비유할 수 있고, 어떤 사람의 성품이 진국일 때 '그 사람은 사골국 같다. 알면 알수록 깊은 느낌이 우러나온다.'라고 표현할 수 있다.

> 인생은 9회말 2아웃이야. 이제부터가 진짜야.
> 너 지금 알박기 하는 거야? 너무 얄밉게 행동하지마.
> 지금까지 제 얘기는 에피타이저이고 이제부터가 메인코스입니다.
> 첨엔 제가 가치주였지만, 이제는 여기서 우량주가 되었네요.
> 그 친구 이성을 만날 때 드리블은 잘하는데 골 결정력이 없어.
> 너무 교과서 위주로 살지마. 참고서도 보면서 살아야지.
> 20대엔 하는 일마다 홀인원이었는데 요새는 보기만 저지르고 있네.
> 요새 우리 부부는 한랭전선이야 엊그제만 해도 온난전선이었는데.

 유머

유머는 다양하게 듣고 많이 활용해야 한다. 이전에 얘기했듯이 유머는 격차이론, 의외성, 반전에서 일어날 수 있는 부분이다. 앞에서 얘기를 했듯이 교장선생님과 학생이 지나가다가 넘어졌을 때, 선생님을 보고 웃는 이유는 바로 격차가 생기기 때문이다. 웃음이라는 것이 순간 긴장에서 안심의 이완으로 바뀔 때 생기는 감정적인 부분이기 때문에 이러한 부분을 잘 이해하고 살리면 누구나 유머를 잘 구사할 수가 있다.

즉, 유머감각을 키우기 위해서는 자꾸 뒤집어 생각하고 입장을 바꿔서 생각하는 습관을 키우는 것이 중요하다. 평소에 간판을 보더라도 뒤집어서 생각하고, 사람들의 얘기를 듣더라도 반대로 생각하고 해석하면 의외성이 생기기 때문에 유머감각을 키울 수가 있다.

그런 의미에서 2행시나 3행시 같은 훈련은 유머감각을 기르는데 많은 도움이 될 수 있다.

침대
(침을 흘려도 당장 자고 싶다)
(대자로 뻗으며 푹 자고 싶다)

침대를 가지고 2행시를 지어보자.
침 : 침을 흘려도 당장 자고 싶다.
대 : 대자로 뻗으며 푹 자고 싶다.

침대로 2행시를 지었을 때 다양한 유머상황을 만드는 것이 중요하다.
침대의 경우는 편안하면서도 누워서 자는 공간의 느낌을 최대한 살려서 표현하면 듣는 이의 공감을 살 수가 있다.
치즈의 경우는 달달하면서도 치즈 특유의 고유한 느낌을 살려서 얘기하면 좋다.

치즈
(치즈업 되는 달달한 기분)
(즈응말 쫀쫀하면서 맛있다)

3행시도 마찬가지이다. '햄버거'를 가지고 3행시를 만들어보자.
'햄 - 햄과 치즈와 빵이 모아져서', '버 - 버거울 정도의 맛의 향연이 시작된다.', '거 – 거대한 크기와 위대한 맛 그것은 햄버거' 햄버거는 빵과 치즈 등의 내용물의 향연의 느낌을 절묘하게 표현하는 것이 관건이다.

이처럼 2행시나 3행시를 사물이나 행동의 특징에 맞게 표현하면 상상력과 표현력과 더불어 유머감각을 키우는데 매우 효과적이다. 특히, 촌철살인의 비유나 유머를 잘하려면 사물의 특징을 잘 살리는 관찰력과 뒤집어 생각하고 역으로 상상하는 순발력과 상상력이 무엇보다 중요하다. 그렇지 않으면 사람들의 탄성을 자아낼 수 없다. 누구나 아는 표현이나 상상은 진부함만 안겨주기 때문이다.

어휘력 훈련을 통해 다양한 고유어와 한자어, 속담, 사자성어, 비유 등의 어휘를 익혔다면 이제부터는 보다 전문적인 시사용어를 알 필요가 있다. 신문을 보거나 다양한 사람들과 이야기할 때, 전문용어나 다양한 시사용어를 알지 못해 대화가 막히는 경우가 있을 것이다. 여러 분야에 상식이 풍부한 사람은 누구를 만나더라도 원활하고 흥미로운 대화를 할 수 있다. 그렇기 때문에 말을 잘하려면 고유어, 한자어, 속담, 격언 등과 더불어 여러 분야에 대한 상식까지 섭렵해야 가능하다. 즉, 많은 사람과 여러 가지 이야기를 할 때는 그 분야에 맞는 어휘를 알고 있어야 풍부한 대화가 가능하다는 이야기이다. 그렇기 위해서는 다양한 분야에서 나오는 용어를 이해하고 익힘으로써 누구와도 대화를 할 수 있는 풍부한 시사와 상식을 쌓는 것이 중요하다.

이 챕터에서는 정치, 경제, 법률, 의학, 인문학, 역사, 문화, 과학 등 다양한 분야에 꼭 필요한 용어와 어휘를 익히는 데 중점을 둘 것이다. 더욱 이해하기 쉽게 다양한 시사와 상식의 원리와 흐름을 가지고 알기 쉽도록 설명을 할 것이므로 흥미를 가지고 이해를 한다면 풍부한 어휘를 쌓는 데 많은 도움이 될 것이다.

 정치

신문을 읽거나 정치나 정세에 관한 대화를 하다 보면 용어가 떠오르지 않거나 상대방이 얘기하는 의미를 정확히 이해하지 못해 애를 먹는 경우가 많다. 사실 대화가 어려운 것보다는 용어를 오해하거나 이해하지 못해 생기는 경우가 대부분이기 때문에 상식적인 용어를 알아두는 것은 매우 유용하다. 먼저, 정치의 역사에 대해 알아보자.

그리스의 민주정치(BC 4세기) - 로마의 공화정(BC 2 ~ 1세기)과 왕정(2 ~ 7세기) - 중세시대의 봉건제도 (8세기 ~ 15세기) - 절대왕정(16세기 ~18세기) 입헌 군주제 (17세기 ~) - 미국과 프랑스 시민혁명 민주주의 (18세기 ~) - 벤담의 공리주의 (19세기) - 사회주의의 몰락(20세기 ~) - 롤스의 정의론(20세기 말 ~)

다음은 정치 용어를 쉽게 구체적으로 배워보자.

대통령제	의원제	선거구
직선제	간선제	포퓰리즘
정경유착	왕정	참정권
선도탈당	의결	가결
부결	보궐선거	경선
공천	필리버스터	대의 정치
의회주의	삼권분립	비례대표
관료주의	협력통치	당정청
레임덕	소요사태	공권력

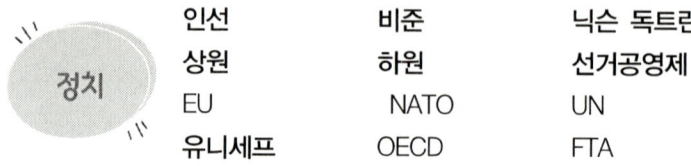

정치	인선	비준	닉슨 독트린
	상원	하원	선거공영제
	EU	NATO	UN
	유니세프	OECD	FTA

정치의 사전적 의미는 나라를 다스리는 일. 국가의 권력을 획득하고 유지하며 행사하는 활동을 말한다. 먼저, 정치의 기본적인 통치의 개념으로 대통령제와 내각제라는 용어가 있다. '대통령제'는 한국, 미국 등에서 실시되고 있으며, 국민이 선거를 통해서 대통령을 선출하는 제도라는 의미이다. 권력분립이 엄격하며 정부가 입법부에 대한 책임을 지지 않고 권력 상호 간의 간섭이 배제되는 정부형태이다. '의원내각제'는 독일, 일본, 영국과 같은 나라에서 실시하고 있으며, 대통령과 같은 임기가 보장이 된 국가원수를 국민이 직접 선출하는 것이 아니라, 국회의원 중에 한 명을 국가원수로 선출하는 제도를 말한다. 대통령제는 국민의 지지도가 낮아도 대통령임기가 보장이 되고, 대통령의 권한이 많이 주어지는 반면 독재정치를 할 수 있다는 단점이 있다. 반대로 의원내각제에서는 국민의 지지도가 낮아지면 내각을 해산하고 국회의원 선거를 통해서 국가원수인 총리, 수상을 다시 선출할 수 있지만, 다수당의 횡포가 생길 수 있다는 단점이 있다.

'왕정'은 옛날의 왕이 통치하던 정치형태를 말하고, '봉건제도'는 중세 유럽, 약 8세기 ~ 13세기정도의 시기를 말하는데, 서로마 제국이 멸망하고, 프랑크왕국이 동서로 갈라지면서 노예제도의 붕괴 후에 영주와 농노 사이의 지배와 예속관계를 이룬 생산체제를 말한다. 이때 당시 왕은 다양한 적의 침입을 위한 방어와 더불어 세금 징수가 필요했기 때문에 영주와 기사 그리고 노예제도를 통한 자치를 활용해서 국가를 영위하는 봉건주의가 만들어졌다. '절대왕정'은 16세기 ~18세기 무렵 왕의 권력이 매우 커졌을 때 행했던 통치방식이다. '입헌군주제'는 절대군주제와 대립되는 개념으로 군주의 권력이 헌법에 의해 일정한 제약을 받는 정치형태로서 오늘날 의원내각제를 채택하고 있는 나라에서 많이 받아들이고 있다.

'선거구'는 대통령이나 국회의원 등 국민의 대표를 뽑기 위해 선거가 실시되는 하나의 단위가 되는 지역을 말한다. '참

정권'은 정치에 참여할 수 있는 권리를 말하며 대표적인 참정권은 선거권이라 할 수 있다. 의결은 의사결정을 말하며 찬성으로 결정될 때는 '가결', 반대로 결정될 때는 '부결'이라 한다.

'의결'은 회의나 토의에서 합의체가 그 의사를 결정하는 행위 또는 결정된 결론을 말하고, '가결'은 의결의 합당하다고 결론이 난 것을 말하며, '부결'은 의결이 합당하지 않다고 결론이 난 것을 말한다.

이번에는 선거에 대해 알아보자. '보궐선거'는 선거에 의하여 선출된 대통령이나 국회의원이 임기 중에 사망하거나 기타의 사유로 인하여 그 자격을 상실한 때 실시하는 선거를 말하며, '경선'은 당의 후보자 여러 명이 출

마를 하여 그 중에 후보자를 선정하는 작업으로 당원투표나 국민여론조사나 당원투표와 여론조사를 혼합하는 방식으로 실시하는 선거를 말하며, 경선에서 1위를 한 후보자를 당에서 후보자로 선정하는 행위가 바로 '공천'이라 할 수 있다.

신문을 보다보면 필리버스터라는 말이 가끔 나오는데, '필리버스터'는 다수파의 독주를 막거나 필요에 따라 의사진행을 저지하기 위해 합법적인 수단을 동원해 진행을 고의적으로 방해하는 행위를 말한다. 예를 들어, 장시간 연설이나 여러 사람의 발언을 들 수 있다.

'대의정치'는 대표를 뽑아 정치를 대신하는 간접 민주 정치를 이르는 말이며, 오늘날 대부분의 국가가 대의정치를 하고 있다. '의회주의'는 국가의 최종적인 정치적 결정이나 법률의 제정을 의회에서 다수결의 원리에 따라 행하는 정치방식을 말하며, 의원내각제와 비슷한 의미이다. '삼권분립'은 국가 권력을 입법부, 사법부, 행정부 셋으로 나누어 국가 권력이 함부로 사용되는 것을 막기 위한 제도를 말한다. '인선'은 여러 사람 가운데서 적당한 사람을 가려 뽑는 것을 말하며, '비준'은 조약을 최종적으로 확인하고 동의하는 절차를 말한다. 즉, 인선은 사람을 뽑는 것을 말하고, 비준은 조약을 체결하는 것을 말한다.

'비례대표'는 각 정당의 득표수에 비례하여 당선자를 결정하는 방식을 말하며, 사회적 약자나 청년 그리고 여성 등의 경우 정식 선거에 의해 선출되는 것이 불리한 측면이 있기 때문에 비례대표로 의석이 주어지는 경우가 있다. '관료주의'는 관청이나 사회 집단에서 흔히 나타나는 상명하복의 독선적인 양식을 말하며, '협력통치'는 각 부서나 관이 서로 협력해서 좋은 방향으로 통치하는 방식을 말한다.

'레임덕'은 오리가 다리를 절며 걷다. 라는 의미로 대통령이 지지율이 낮아 국민의 지지를 받지 못할 때 쓰는 말이다. '닉슨독트린'은 1969년 미국의 대통령 닉슨이 자기방어를 위해 미국의 원조가 필요한 국가에 무기와 경제원조는 제공할 수 있지만 군대는 보내줄 수 없다는 원칙이며, 자국의 방어시스템을 스스로 구축하도록 촉진하는 규약이다.

'상원'은 미국처럼 양원 제도에서 하원과 더불어 국회를 구성하는 의원을 말하는데, '하원'은 각 주에서 인구수에 따라 하원의원이 결정되는 불합리한 부분이 있을 수 있다. 예를 들어, 인구수가 많은 주의 경우 다른 주에 비해 2배가 많은 의원이 선출될 수 있다. 하지만 상원의 경우 인구수에 관계없이 평등하게 선출되기 때문에 하원제도를 보완하면서 외교나 군사와 같은 중요한 부분을 결정하는 역할을 한다.

'NATO'는 북대서양조약기구를 말하고 유럽의 여러 국가와 미국, 캐나다 간에 서유럽에 대한 군사, 경제적 원조를 내용으로 하는 조약이다.

'OECD'는 경제발전과 세계무역 촉진을 위한 공동으로 대처하기 위한 정부 간 정책연구 협력기구이다. 'FTA'는 국가 간 상품의 자유로운 이동을 위해 모든 무역 장벽을 완화하거나 제거하는 자유무역 협정이며, 영문 머리글자를 따서 FTA로 약칭한다.

> 우리나라는 현재 의원내각제가 아니라 대통령제야.
> 그 국회의원은 이번에 보궐선거로 당선됐어. 지역구 자리가 비웠거든.
> 우리나라 정경유착은 심각한 수준이야. 부패의 원인이기도 하고.
> 모든 사건을 포퓰리즘의 시각으로 보지마. 개인의 의견도 존중하자.
> 지금은 여야가 협력통치를 해야 할 시점이야. 자기 밥그릇만 챙기지 말고.
> 우리나라는 삼권분립이 보장된 나라야. 입법부, 행정부, 사법부 말야.
> 이번에 중동에서 소요사태가 일어났어. 종교적인 문제가 큰 거 같아.
> 닉슨 독트린 이후에 우리도 스스로 군사력에 대한 자생력을 키우고 있어.
> 김 철수 씨가 이번 경선에서 공천을 받았어.

 경제

신문이나 사설을 읽다보면 경제용어가 많이 나온다. 경제는 인간의 생활에 필요한 재화나 용역을 생산, 분배, 소비하는 모든 활동을 말한다. 그렇기 때문에 경제용어를 많이 알면 경제흐름이나 상식과 더불어 합리적이고 생산적인 생각을 많이 할 수 있다. 먼저, 간략하게 경제의 역사에 대해 알아보자.

경제 역사
- 농업과 수공업(고대 ~) -
- 애덤스미스의 국부론(18세기 ~) -
- 마르크스의 사회주의 (19세기 ~) -
- 케인즈의 수정자본주의(20세기 초) -
- 하이에크의 신자본주의(20세기 말 ~)

경제는 인간의 생활에 필요한 재화나 용역을 생산, 분배, 소비하는 모든 활동을 말한다. 즉, 돈과 관련된 활동이라 할 수 있다. 다음은 구체적인 경제 용어를 알아보자.

경제

보이지 않는 손	채산성	시장경제
대공황	인플레이션	디플레이션
스태그플레이션	디폴트	기회비용
출구전략	양적완화	긴축경영
수요공급의 법칙	관치경제	희소가치
효용성	검은 금요일	더블딥
사회적 기업	리콜	블루칩
지니계수	앵겔지수	기저효과
수지	GDP	GNP
GNI	임금피크제	원천징수
사모펀드	제로섬게임	B2B
어닝쇼크	스타트업	다우지수
나스닥	코스피	코스닥
직접세	간접세	개별소비세

고대에는 농업과 수공업을 통한 물물교환의 형태를 초기경제라 할 수 있다. 그러면서 중세의 영주와 소작농의 관계를 거쳐 18세기 애덤 스미스에 의해 노동과 재화라는 형태의 근대적 경제에 눈을 뜨게 된다. 그리고 본격

적으로 재화와 용역, 시장의 논리에 의해 경제가 형성된다는 자본주의가 탄생한다. 19세기에 들어와 칼 마르크스는 자본가와 노동자의 관계는 착취와 피착취의 관계라고 규정했고, 유물론적 변증법에 의해 자본주의는 결국 파멸할 수밖에 없고, 모두가 평등한 사회를 만들기 위한 사회주의를 주창한다. 하지만 결국 인간의 이기심 때문에 자본주의가 멸망할 것이라는 마르크스의 예언과는 반대로 공산주의는 부패와 지배층의 권력으로 인해 자충수에 직면한다. 이후 20세기 영국의 경제학자인 케인즈에 의해 정부의 역할을 강조한 자본주의가 탄생했고, 대공황을 극복하고자 한 루스벨트의 지도 아래 케인즈의 이론을 적극 반영한 뉴딜정책이 실현됐다. 하지만 지나친 정부의 개입이 1970년대 세계불황으로 이어졌다는 오스트리아의 경제학자 하이에크의 지적에 따라 신자유주의 이론이 나오게 되었다. 1980년대에 들어서 영국의 마거릿 대처 수상이 하이에크의 신자유주의를 받아들여 어려워진 경제를 극복했지만 현재는 부익부 빈익빈의 병폐와 더불어 자본주의의 단점을 극복하려는 수정자본주의 이론을 비롯한 여러 가지 정책이 나오고 있다.

먼저 경제용어부터 알아보자.

경제를 알려면 근대 경제학의 아버지라 불리는 '애덤 스미스'를 알아야 한다. '보이지 않는 손'은 애덤 스미스가 한 말이며, 시장은 수요와 공급의 원리에 의해 움직인다. 라는 의미로 사용한다. '채산성'은 경영상에 있어 수지타산을 따져 이익이 나는 정도를 말하고, 인플레이션은 통화량의 증가로 화폐가치가 하락해 물가가 상승하는 현상을 말하며, 디플레이션은 반대로 경제 전반적으로 상품과 서비스의 가격이 하락하는 현상, 스태그플레이션은 정체되어 있는 경제 현상을 말한다. '더블딥'은 경기침체 후 잠시 회복을 보이다가 다시 침체하는 현상을 말한다.

'기회비용'은 어떤 선택으로 인해 포기된 기회들 가운데 가장 큰 가치를 갖는 기회 자체 또는 그러한 기회가 갖는 가치를 말하며, '출구전략'은 경기회복기에 경기침체기에 취했던 완화정책을 서서히 거두어들이는 전략을 말한다. '양적완화'는 중앙은행이 통화를 시중에 직접 공급해 신용경색을 해소하고, 경기를 부양시키는 통화정책을 얘기한다.

경영과 수요에 대해서도 알아보자. '긴축경영'은 채무건전성이나 흑자를 늘리기 위해 긴축을 하거나 규모를 줄이는 경영을 말한다. '수요공급의 법칙'은 떤 상품에 관한 시장수요량 및 시장공급량과 시장가격과의 관계에 관한 법칙을 말한다. 쉽게 말해 시장의 가격은 수요와 공급에 따라 조정된다는 의미이다.

정부에서 시장에 개입하는 정도에 따라 관치경제와 시장경제로 나눌 수 있는데, 먼저 '관치경제'는 정부에서 시장을 통치하고 조절하는 경제를 말하며, 이와 반대로 '자율시장경제'는 정부의 손이 아닌 시장경제의 원리에 자율적으로 맡기는 제도를 말한다. '희소가치'는 드물기 때문에 인정받는 가치를 말하고, '효용성'은 재화 및 용역에 대한 개개인의 주관적인 선호도 또는 가치를 의미를 말하고, '효율성'은 능률적으로 목표를 성취할 수 있는 정도를 말한다. 즉, 효용성은 가치를 중시하고, 효율성은 합리성을 중시한다고 할 수 있다. '사회적 기업'은 비영리조직과 영리기업의 중간 형태로 사회적 목적을 추구하면서 영업활동을 수행하는 기업을 말한다.

'지니계수'는 소득분배의 불평등을 나타내는 수치를 말하고, '엥겔지수'는 일정 기간 가계 소비지출 총액에서 식료품비가 차지하는 비율을 말한다. 지니계수가 높으면 불평등이 심하다는 의미이고, 엥겔지수가 높다는 것은 그만큼 실생활에서 식료품비가 차지하는 비중이 높다는 의미가 될 수 있기 때문에 나쁜 의미로 해석할 수 있다.

'기저효과'는 경제지표를 산출하는데 기준시점과 비교시점의 상대적 위치에 따라 실제 경제 상황보다 부풀려지거나 위축되는 현상을 말한다. 'GDP'는 국내총생산을, 'GNP'는 국민총생산을 말하며, 'GNI'는 1인당 국민소득을 말한다.

'임금 피크제'는 근로자가 일정 연령에 도달한 시점부터 임금을 삭감하는 대신 근로자의 고용을 보장하는 제도를 말한다. '원천징수'는 징세의 편의 및 조세 수입과 납세자부담의 분산을 도모하기 위해 수입금액을 지급할 때, 금액을 지급하는 자가 지급받는 자에게 부담할 세액을 미리 국가를 대신하여 징수하는 것을 말한다.

주식에 대해서도 알아보자. '다우지수'는 미국 다우존스 사가 가장 신용 있고 안정된 주식 30개를 표본으로 시장 가격을 평균 산출하는 세계 주가지수를 말하고, '나스닥'은 1971년 2월 8일 첫 거래가 시작된 미국의 장외 주식시장 말한다. '코스피'는 국내 종합주가지수를 말하며, '코스닥'은 한국의 장외 주식거래시장을 말한다.

다음은 세금 부분의 용어이다. 세금이란 국가를 유지하고 국민 생활의 발전을 위해 국민들의 소득 일부분을 국가에 납부하는 돈이다. 세금 걷는 주체에 따라 국세와 지방세로 나눌 수 있고, 세금 걷는 방법에 따라 직접세와 간접세(대표적으로 부가가치세)로 나눌 수 있다.

또한, 세금 부과의 원인에 따라 소득세(종합소득, 근로소득)와 소비세(부가가치세, 개별소비세)로 구분한다. 마지막으로 세금의 비율에 따라 비례세, 누진세(세금이 많아짐), 역진세(세금이 적어짐)로 나눌 수 있다. '직접세'는 납세자와 부담자가 동일한 세금으로 소득세, 법인세, 재산세 등을 예로 들 수 있고, '간접세'는 납세자와 부담자가 다른 세금으로 부가세와 주세를 예로 들 수 있다.

간접세의 대표적인 예로, 부가가치세를 들 수 있다. 부가가치세는 재화와 용역의 과정으로 마진을 창출한 결과로 내는 세금이다. 예를 들어 과자를 판매할 때 판매자는 대신 납세자, 조세 부담이 있는 최종소비자는 조세 부담자가 되어 납세자와 부담자가 불일치한다.

 개별소비세(예전에는 특별소비세)는 사치성 품목, 소비 억제 품목, 고급 내구성 소비재, 고급 오락시설 장소 또는 이용 등이며 과세물품, 특정장소에의 입장행위, 특정한 장소에서의 유흥음식행위, 특정한 장소에서의 영업행위 등에서 부과하는 소비세를 말한다.

 소득세는 소득이 생길 때 걷는 세금을 말하며, 매출액에서 매입액을 차감한 것을 바탕에 비례해 내는 세금이라 할 수 있다. 대표적으로 근로소득세와 종합소득세가 있다.

> 관치경제는 좋은 점도 있지만 시장의 자유를 간섭하기도 해.
> 지금 이 상황은 더블딥이라 할 수 있어. 두 번에 걸쳐 그래프가 떨어지잖아.
> 지난 달의 출구전략의 일환으로 조금씩 통화량을 줄이고 있어.
> 현재의 양적완화 정책은 통화량을 늘리기 때문에 화폐가치를 떨어뜨릴 수 있어.
> 지금 우리 기업은 이미지메이킹이 중요하기 때문에 평판리스크를 생각해야 해.
> 중국은 GDP는 높지만 GNP는 낮은 나라야. 즉, 소득 불균형이 심하다는 얘기지.
> 임금피크제는 고령화 시대에 좋은 정책이야. 문제는 실현가능성이지.
> 정부에서는 대기업만 살리지 말고 스타트업을 활성화 시키는 방안도 마련해야 해.
> 이제 조금 있으면 코스닥에 상장할 수 있을 거야. 조금 더 분발하자.

 사회

　사회는 일정한 종교, 가치관, 규범, 언어, 문화 등을 상호 공유하고 특정한 제도와 조직을 형성하여 질서를 유지하는 공동체 집단을 의미한다. 그렇기 때문에 대화나 소통에 있어서 사회적인 용어를 모르거나 정확히 인식하지 못할 경우 커뮤니케이션의 오해나 부재를 살 수 있기 때문에 매우 중요한 부분이라 할 수 있다. 먼저, 인류의 사회역사에 대해 알아보자.

- 석기시대(BC 100만년 ~) -
- 청동기시대(BC 3000년 ~) -
- 철기시대(BC 4세기 ~)
- 중세의 신분사회(5세기 ~) -
- 시민사회(20세기 ~)

　사회적 용어는 상당히 광범위하고, 사회의 흐름에 따라 가변적이기 때문에 일일이 알아보는 것은 한계가 있다. 그렇기 때문에 핵심적인 용어를 간추려서 알아보자.

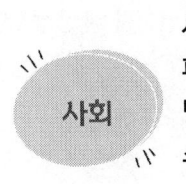
다원주의	도플갱어	획일주의
사토리 족	흑색선전	무상복지
파시즘	저널리즘	간판주의
번아웃 증후군	햄릿 증후군	카스트 제도
소시오패스	오이디푸스 콤플렉스	리플리 증후군
사회적 비용	엘렉트라 콤플렉스	아스퍼거 증후군
녹색혁명	온정주의	마녀사냥

사회			
자율형 사립고	은둔형 외톨이	캥거루 족
대안학교	사회보장제도	인프라
박애주의	사행산업	보편적 평등
보장적 평등	공공비용	사회간접자본
병목현상	샤머니즘	엄숙주의
선행학습	실버산업	님비현상

먼저, '다원주의'는 일원주의처럼 하나의 의견이나 제도를 받아들이는 것이 아니라, 다양한 의견과 생각 그리고 제도를 인정하고 서로 다를 수 있음을 수용하는 것을 말한다. '도플갱어'는 독일어로 '이중으로 돌아다니는 자'라는 뜻이지만 간략하게 말하면 복제의 의미로 쓸 수 있다. '획일주의'는 일원주의와 같은 의미로 다양한 의견이나 생각을 하지 않고 어떤 틀에 맞춰 인위적으로 규격화 하는 것을 말한다. '사토리족'은 1980년대 후반부터 1990년대에 태어나, 2013년 현재 10대~20대 중반 나이대로 돈벌이는 물론 출세에도 관심 없는 젊은이들을 이르는 말로 '은둔형 외톨이'와는 조금 다른 의미이다.

'파시즘'은 2차 세계대전 당시 독일의 히틀러가 민족주의를 앞세워 국민들을 선동하는 것을 말하며, '간판주의'는 그 사람의 내면이나 다양성보다는 학력, 직업 등의 간판으로 평가하는 것을 말한다. '번 아웃 증후군'은 번 아웃은 말 그대로 다 태워지고 소멸하다는 의미로 일에 지친 현대사회의 삶을 말한다. '햄릿 증후군'은 '사느냐 죽느냐의 햄릿 대사처럼 선택을 하기 어려운 증후군을 말하며, 선택장애라고도 한다. 반사회적 인격 장애로는 사이코 패스와 소시오 패스가 있는데, '사이코 패스'는 반사회적 행동이며, 공감 능력과 죄책감 결여되어서 극단적인 자기중심적 행동장애를 저지르는 사람을 말하며, '소시오 패스'는 자신의 성공을 위해서 수단과 방법을 가리지 않고 나쁜 짓을 저지르며, 이에 대해 전혀 양심의 가책을 느끼지 않는 사람을 뜻한다.

뉴스를 읽다보면 콤플렉스에 대한 이야기가 많이 나온다. '오이디푸스 콤플렉스'는 소포클레스의 오이디푸스 왕 이야기를 토대로 프로이드의 심리학에 나오는 용어로, 아들이 아버지에게는 적대적이지만 이성인 어머니에게는 호의적이며 무의식적으로 성적 애착을 가지는 복합 감정을 말하고, '엘렉트라 콤플렉스'는 딸이 아버지에게 애정을 품고 어머니를 경쟁자로 인식하여 반감을 갖는 경향을 가리키는 정신분석학 용어이다. 쉽게 말해, 남자 어린이는 엄마에게 애착을 느끼는 것을 오이디푸스 콤플렉스, 딸이 아빠에 집착하는 엘렉트라 콤플렉스라 할 수 있다. '리플리 증후군'은 스스로 허구의 세계를 진실이라 믿고 거짓된 말과 행동을 상습적으로 반복하는 인격 장애를 뜻하는 용어이며 허언증이라고도 한다. '아스퍼거 증후군'은 사회적으로 서로 주고받는 대인관계에 문제가 있고, 행동이나 관심 분야, 활동 분야가 한정되어 있는 증세를 말한다.

'온정주의'는 긍정적, 부정적 의미를 모두 포함하고 있으며, 합리적인 태도로 생각하는 것이 아니라 주로 정에 따라 행동하는 것을 말한다. '마녀사냥'은 15세기 이후 기독교를 절대화하여 권력과 기득권을 유지하기 위한 종교적 상황에서 비롯된 광신도적인 현상을 말하며, 교리에 어긋나거나 위배되는 행동을 했을 때 마녀로 몰아붙여 화형을 처하기도 했다.

교육에 대해서도 알아보자. '자율형 사립고'는 사립학교가 건학이념에 따라 교육과정과 학사운영 등을 자율적으로 운영하는 고등학교를 말하고, '대안학교'는 기존의 교육의 문제점을 보완하고자 학습자 중심의 자율적인 프로그램을 운영하도록 만들어진 종래의 학교교육과는 다른 학교를 말한다.

'사회 간접자본'은 재화와 서비스의 생산에 직접 사용되기보다는 간접적으로 생산 활동을 지원하며 촉진시키는 데 필요한 자본을 말한다. 쉽게 말해 정부가 소유하거나 개인이나 기업이 소유하더라도 정부의 규제를 받는 사회적 성격을 띤 자본이다. '사회적 비용'은 어느 생산자가 어떤 재화를 생산하는 경우, 이로 인해 생산자를 포함한 사회 전체가 부담하게 되는 비용을 말하는데, 쉽게 말해 어떤 사람이 무단으로 쓰레기를 길에다 버릴 경우, 개인이 부담하는 것이 아니라 사회에서 처리하기 때문에 이러한 경우 '사회적 비용이 든다.'라고 말할 수 있다.

요새는 자연과 인간에 대한 부분이 화두이다. '녹색혁명'은 개발도상국의 식량생산력의 급속한 증대 또는 이를 위한 농업상의 여러 개혁을 일컫는 말이고, '캥거루족'은 성인이 돼서 자립할 나이에도 불구하고 부모의 품에서 벗어나지 못하는 사람들을 지칭한다. '사행산업'은 한자어를 해석하면 이익을 얻고자 요행을 바라는 산업을 말하며, 도박과 같은 산업을 통칭한다. '병목현상'은 병의 목 부분처럼 넓은 길이 갑자기 좁아짐으로써 일어나는 교통 정체 현상. 병은 일반적으로 목 부분이 좁아 물이나 액체를 따를 때 갑자기 쏟아지는 것을 방지하게 되어 있어 순간적으로 정체가 일어날 수 있다. '선행학습'은 본 학습을 위한 예습의 개념학습이라 할 수 있고, '샤머니즘'에서 샤먼은 시베리아의 퉁구스어로 무의식 상태 중에 지식을 얻는 종교적 능력자를 말하며, 초자연적인 존재와 직접적으로 소통하는 샤먼을 중심으로 하는 주술이나 종교를 일컫는다. '토테미즘'은 토템 신앙에 의해 형성되는 사회체제 및 종교 형태. 토템이라는 말은 북아메리카 인디언인 오지브와족이 어떤 종류의 동물이나 식물을 신성시하는데서 유래를 찾을 수가 있고, 자신이 속해 원시공동사회의 종교의 한 형태이다.

'실버산업'은 노년층을 대상으로 한 상품·서비스를 제조·판매하거나 제공하는 것을 목적으로 하는 산업을 말하고, '님비현상'은 'Not in my backyard'를 줄인 말로써, 공공의 이익은 되지만 자신이 속한 지역에는 이익이 되지 않는 일을 반대하는 이기적인 행동을 말한다.

> 우리나라는 포퓰리즘에 의해 다원주의를 묵살하는 경우가 있어.
> 범인이 소시오패스래 자신의 이익을 위해 범행을 저질렀다고 하네.
> 선거운동 할 때 흑색선전이나 비방은 하지 않았으면 해.
> 그 친구는 리플리 증후군이 있는 거 같아. 틈만 나면 거짓말을 일삼아.
> 버려진 쓰레기들 좀 봐. 이런 것들 때문에 사회적 비용이 생기는 거야.
> 녹색혁명을 통해 온실가스를 줄여 지구가 숨쉴 수 있는 곳을 만들자.
> 내 친구와 나는 완전히 도플갱어야. 외모도 하는 짓도 똑같아.
> 보편적 평등도 중요하지만 능력에 따른 보장적 평등도 중요해.
> 현대에서는 바쁜 일상으로 인해 번아웃 증후군에 걸린 사람들이 많아.

 **법률**

　법률은 생각보다 우리의 생활과 밀접하게 관련되어 있다. 사회에서 공동체를 이루고 유지하기 위해서는 규율과 법이 매우 중요한 역할을 한다. 그렇기 때문에 법률에 대한 용어와 상식을 잘 익혀두면 사람들과의 대화는 물론 자신을 지킬 수도 자신과 우리의 권익을 보호할 수 있다.
　법은 크게 공법과 사법으로 나눌 수 있다.

법 종류

사법(민법, 상법) - 개인과 개인 사이의 사적인 관계를 규율하는 법
민법 - 사적 생활관계인 재산과 가족관계를 규율하는 법
상법 - 상거래를 중심으로 하는 일반사법
공법(헌법, 형법, 행정법) - 국가적, 공익적 관계를 규율하는 법
헌법 - 국가 통치와 기본권에 대한 법규
형법 - 범죄에 대한 처벌과 처분을 규정한 법규
행정법 - 행정에 관한 국내 공법

법이란, 국가의 강제력을 수반하는 사회 규범. 국가 및 공공 기관이 제정한 법률, 명령, 규율을 말한다. 즉, 국가를 유지하거나 국가의 공동체를 위한 강제력이 있는 규범을 말할 수 있다. 만약 법이 없다면 규율과 규범이 존재하지 않기 때문에, 약육강식, 적자생존의 동물법칙이 가능해지기 때문에 사회가 무질서하고 혼돈상태가 될지도 모른다.

법률에서 중요한 부분은 대륙법을 중시하는 독일·프랑스법과 판례와 관습법을 중요시 여기는 영미법을 알아야 한다. 우리나라는 독일·프랑스법과 영미법을 혼재해서 사용하고 있다. 법은 규율을 수호하기 위함인데, 그렇기 때문에 규율을 어겼을 때, 수사를 하는 경찰의 수사권과 법원에 기소하는 검찰의 기소권 그리고 법을 심판하는 판사의 재판권이 필요한 것이다. 또한 부당한 침해를 받았을 때 고소를 하는 원고와, 고소를 당한 피고가 있는 것이다.

먼저 법률의 기본 용어와 원칙부터 알아보자.

죄형법정주의	3심제	기소유예
집행유예	즉결심판	경범죄
피의자	피해자	모욕죄
표적수사	탐문수사	사면
정상참작	정당방위	구류
금고	징역	항소
보석	미란다 원칙	친고죄
무고죄	법치주의	일사부재리의 원칙
무죄추정의 원칙	미필적 고의	승소
원고	피고	파기환송
양형	금치산자	한정치산자
취득시효	소멸시효	소급
초상권	저작권	직권남용
월권행위	손괴	방임죄

법률

'죄형법정주의'는 범죄와 형벌을 미리 법률로써 규정하여야 한다는 근대 형법상의 기본원칙이다. 권력자가 범죄와 형법을 마음대로 전단하는 죄형 전단주의와 대립되는 원칙이라 할 수 있다. '3심제'는 한 사건에 대하여 세 번 심판을 받을 수 있는 심급제도를 말하고, 신문을 읽다보면 기소유예와 집행유예라는 말이 자주 나오는데, 쉽게 말해 '기소유예'는 죄는 인정되나 검찰에서 재판까지 가지 않고 유예를 해준다는 의미이고, '집행유예'는 검찰에서 기소하여, 법정에서 형을 선고 받는 것인데, 집행을 유예한다는 의미이다. '즉결심판'은 경미한 범죄사건(20만 원 이하의 벌금·구류 또는 과료에 해당하는 사건)에 대하여 정식 형사소송 절차를 거치지 않고 신속하고 간이하게 하는 약식재판이다.

다음은 죄와 수사 방법에 대해 알아보자. 경찰과 검찰 그리고 판사의 역할을 알아보자. 경찰은 사회의 질서를 유지하고 범인을 수사하는 역할을 한다. 즉, 길에서 누군가 폭행을 했다고 가정해 보자. 신고를 받고 출동한 경찰은 사회의 질서를 침해하는 일방적인 폭행이나 정도가 심하지 아니한 폭행에 대해서는 합의를 종용할 수 있다. 또한, 피해자는 추후에 경찰에 고발이나 고소를 한다. 하지만 폭행의 정도가 심하거나 일방적인 폭행이라면 경찰의 권한이 아니라, 재판으로 갈 수도 있기 때문에 검사한테 권한을 넘겨야 한다. 그리고 검사는 이것을 재판으로 갈지 안 갈지 판단해야 한다. 검사가 중대한 범죄라 판단하여 공소제기를 해서 재판으로 넘어가면 이때부터는 가해자가 아니라 피고인이 되어 재판을 받게 된다. 그리고 재판의 판단 권한은 판사에게 주어진다. 이때 검사는 원고가 되어 피고인의 죄를 구형하기 위해 노력하고, 피고인은 자신의 억울함을 밝히기 위해 변호사를 선임하여 대응한다. 이처럼 사회의 질서를 중하게 파괴하거나, 중대한 범죄를 저지를 경우에는 형사로 넘어가게 되고, 개인과 개인의 손해배상에 대한 부분일 때는 민사재판으로 가게 된다. 형사재판은 주로 구두재판 형식으로 진행되고, 민사재판은 주로 서류재판 형식으로 진행된다.

'경범죄'는 고성방가 등 죄의 경중이 낮은 범죄를 말하며, 이와 반대로 경중이 높은 범죄를 '중범죄'라 한다. '표적수사'는 말 그래도 대상을 정해 놓고 하는 수사를 말하며, 어떤 목적으로 특정한 대상이나 인물을 정해 놓

고 벌이는 수사이다. '탐문수사'는 말 그대로 수사관들이 직접 돌아다니면서 사람들에게 물어보면서 사건의 실마리를 찾는 것을 말한다.

죄를 구형하는 방식 역시 중요하다. '사면'은 죄를 용서하여 형벌을 면제하는 것을 말하고, '정상참작'은 재판관이 범죄의 사정을 헤아려서 형벌을 가볍게 하는 일을 말하며, '정당방위'는 자기 또는 타인의 법익에 대한 현재의 부당한 침해를 방위하기 위한 행위를 말한다. 벌을 가하는 방법으로 구류, 금고, 징역 등이 있는데, '구류'는 1일 이상 30일 미만의 기간 동안 교도소 또는 경찰서 유치장에 구치하는 형벌이고, '금고'는 강제노동을 과하지 않고 수형자를 교도소에 구금하는 일을 말하며, '징역'은 일정기간 교도소 내에 구치하여 정역에 종사하게 하는 형벌이다.

'항소'는 하급법원에서 받은 제일심의 판결에 불복할 때 그 파기 또는 변경을 직접 상급법원인 고등법원 또는 지방법원 합의부에 신청하는 일을 말한다. 쉽게 말해 소송에 불복해 저항하는 일이다. '보석'은 보증금을 납부하고, 도망하거나 기타 일정한 사유가 있는 때에는 이것을 몰수하는 제재조건으로 법원이 구속된 피고인을 석방시키는 제도를 말한다.

'미란다 원칙'은 경찰이나 검찰이 범죄용의자를 연행할 때 그 이유와 변호인의 도움을 받을 수 있는 권리, 진술을 거부할 수 있는 권리를 말하고, '친고죄'는 범죄의 피해자 기타 법률이 정한 자의 고소가 있어야 공소를 제기할 수 있는 범죄이며, 명예훼손죄나 모욕죄에 해당한다. '무고죄'는 타인으로 하여금 형사처분 또는 징계처분을 받게 할 목적으로 허위 사실을 신고

하는 죄를 말한다. '미필적 고의'는 범죄사실이 발생할 가능성을 인식하고 또 이를 인용하는 것을 말한다. 예를 들어, 총으로 새를 잡으려고 하려는데 옆에 사람이 있어서 잘못 쏘면 사람이 다치는 걸 알면서도 총을 쐈는데, 사람이 총에 맞아 죽었을 때 해당한다.

'일사부재리의 원칙'은 말 그대로 일단 처리된 사건은 다시 다루지 않는다는 법의 일반원칙이다. '무죄추정의 원칙'은 피고인 또는 피의자는 유죄판결이 확정될 때까지는 무죄로 추정한다는 원칙이며, 신속한 재판을 받을 권리와 무죄추정의 원칙은 피고인 또는 피의자의 신체의 자유를 보장하기 위한 규정이라 할 수 있다.

재판에서 소송을 건 사람과 소송을 당한 사람이 있는데 그것을 원고와 피고라 한다. '원고'는 소송사건에서 법원에 자신이 가진 재판권을 행사하여 판결이나 집행을 요구하는 사람을 말하며, '피고'는 이와 반대로 판결이나 집행을 당하는 사람을 말하며, '파기환송'은 원심판결을 파기한 경우에 다시 심판시키기 위하여 원심법원에 돌려보내는 것을 말한다. '각하'는 소송요건이 충족이 안 될 때 거절하는 것을 말하며, '기각'은 요건이 충족되었지만 심리 후 그 청구에 이유가 없다 해서 청구를 배척하는 것을 말한다.

'소급'은 과거에까지 거슬러 올라가서 미치게 하는 것을 말하며, 보통 '소급이 적용되었다.' 라고 말하며, '양형'은 법원이 형사재판 결과 유죄 판결을 받은 피고인에 대해 그 형벌의 정도 또는 형벌의 양을 결정하는 일을 말한다. 법률상의 무능력자를 금치산자와 한정치산자로 나눌 수 있는데, '금치산자'는 심신상실(心神喪失)의 상태에 있어 자기행위(自己行爲)의 결과를 합리적으로 판단할 능력(意思能力)이 없는 자를 말하고, '한정치산자'는 심신이 박약하거나 재산의 낭비로 가족들의 생활을 궁박하게 할 염려가 있는 자에 대해 가정법원이 한정치산을 선고한 자를 말한다.

'취득시효'는 권리를 취득하는 원인이 되는 시효를 말하며, '소멸시효'는 반대로 권리가 소멸하는 원인이 되는 시효를 말한다. 자신이나 자신의 저작물을 지킬 권리를 초상권이나 저작권이라 하는데, '초상권'은 자기의 초상이 허가 없이 촬영되거나 또는 공표되지 않을 권리를 말하고, '저작권'은 인간의 사상 또는 감정을 표현한 창작물인 저작물에 대한 배타적·독점적 권리를 말한다. '직권남용'은 공무원이 그 직권을 남용하여 범하는 범죄이고, '직무유기'는 공무원이 정당한 이유 없이 직무수행을 거부하거나 그 직무를 유기함으로써 성립하는 범죄를 말한다.

'월권행위'는 자기 권한 밖의 일에 관여하여 남의 직권을 침범하는 일을 말하고, '손괴'는 어떤 물건을 망가뜨리는 것을 말한다. '방임죄'는 죄 행위를 내버려두거나 방치함으로써 성립하는 범죄이다.

이번에는 탐문수사를 통해 범인을 색출하려고 한다네.
피의자가 자신의 무죄를 입증하려고 변호사를 선임했네.
검찰이 기소를 했지만 집행유예로 풀려났다고 하더라.
원래 3년 금고형이었는데 정상참작을 고려해 1년 금고형으로 양형을 했어.
미란다 원칙이 적용되기 때문에 변호사를 선임할 수 있어.
피해자가 오히려 무고죄가 적용돼서 2년의 금고형을 선고 받았어.
정당방위냐 과잉방위냐가 이번 사건의 핵심이라 할 수 있어.
그 사람은 금치산자라 비록 계약을 했더라도 효력이 없다고 봐야지.
저 사람이 총을 쏜 것은 고의는 아니지만 미필적 고의에 해당하는 거야.

 의학

　의학용어를 많이 아는 경우 사람들과의 대화에서 많은 도움이 될 뿐만 아니라, 스스로의 건강을 지키는 데에도 많은 도움을 줄 수 있다. 의학은 이제 생활과 밀접한 관련이 있기 때문에 어렵다는 생각보다 일상생활과 건강에 꼭 필요한 용어를 마치 건강한 음식을 먹듯이 잘 섭취했으면 하는 바람이다.

의학의 역사는 간략하게 다음과 같이 설명할 수 있다.

히포크라테스 선서와 병리학(BC 4세기~)
레오나르도 다빈치의 해부학(15세기 ~) -
멘델의 유전학(19세기 말 ~) -
생명공학(21세기 ~)

다음은 의학용어를 구체적으로 알아보자.

히포크라테스선서	항상성	자생력
활성산소	간경화	아드레날린
트라우마	조현증	허언증
심부전	부정맥	협심증
혈전	다한증	부종
페로몬	도파민	항진성
폐쇄성 폐질환	진폐증	자율신경
미토콘드리아	헤모글로빈	림프절
딤프구	과립구	백혈구
편집증	해리성 장애	항생제
진폐증	하지정맥류	감각신경
중추신경	뇌병변	지사제
폐소공포	존엄사	안락사

의학이란 인체의 구조와 기능을 조사하여 인체의 보건, 질병이나 상해의 치료 및 예방에 관한 학문을 말한다. 즉, 인간의 생명과 질병과 밀접한 관련이 있는 학문이라 할 수 있다.

먼저, 의학의 윤리에 대한 부분도 알아보자. '히포크라테스 선서'는 히포크라테스가 말한 의료의 윤리적 지침으로 의사가 될 때 선서를 말하며, 오늘날 의사의 기본 덕목 지침서라 할 수 있다.

자연과학에서 가장 물질의 기본을 이루는 것이 분자라면, 생명체의 기본을 이루는 것은 세포라 할 수 있다. 이 세포 안에 세포핵과 세포질이 있고, 세포핵 안에는 염색체라는 것이 있으며 이 염색체의 근간이 되는 것이 부모의 유전형질인 바로 DNA라 할 수 있다. 이 DNA는 약 30억 개로 구성이 되어 있는데, 이 중 유전형질을 이룬 유전자의 개수는 3만 개 정도라 할 수 있다. 그리고 이 DNA는 아데닌, 티민, 구아닌, 시토신이라는 화합물로 4개의 염기물질로 이루어져 있다. 이 염기물질의 서열에 따라 우리는 모두 다른 외모, 성격을 가질 수 있는 것이다. DNA는 개시인자와 중합효소에 의해 RNA라는 핵산을 통해 리보솜이라는 세포공장에서 세포를 만들 수 있다.

또한, 인간의 신체는 뼈와 살로 이루어져 있고, 뼈와 살을 움직일 수 있는 근육이 있으며, 여러 가지 신호를 뇌와 척수로 전달해야 하는 신경들이
있다. 그리고 생명을 유지하기 위해서는 호흡과 에너지를 생산, 운반, 소비를 해야 한다. 그렇기 위해서 소화기관과 호흡과 에너지를 운반하는 혈관이 존재하는 것이다.

즉, 우리가 움직일 수 있는 생명력을 지니려면 폐를 통해 산소가 유입이 되어야 하고, 소화기관을 통해 영양분 만들고 심장과 혈관을 통해 영양분을 신체의 모든 기관으로 운반해야 한다. 또한, 세균과 맞서 싸우는 면역체계가 있어야 하고 다양한 신체 신호를 뇌와 척수로 전달해 주는 신경기관이 있어야 한다. 마지막으로 기억과 판단을 통해 신체를 지배하는 뇌가 있어야 한다.

먼저 의학용어부터 알아보자.

'항상성'은 외부환경과 생물체 내의 변화에 대응하여 순간순간 생물체내의 환경을 일정하게 유지하려는 현상을 말하고, '항진성'은 갑상성 항진성이라는 용어에서 보통 많이 쓰이며, 병이나 증세를 더욱 촉진시킬 때 쓰는 말이다. '자생력'은 스스로 살아 나가는 능력이나 힘을 말하고, '활성산소'는 호흡과정에서 몸속으로 들어간 산소가 산화과정에 이용되면서 여러 대사과정에서 생성되어 생체조직을 공격하고 세포를 손상시키는 산화력이 강한 산소. 유해산소라고도 불리기도 한다. '조현증'은 정신분열증을 말하며, '허언증'은 리플리 증후군이라고도 하고 거짓말을 일삼을 때의 증후군을 말한다.

우리 몸을 구성하는 가장 기본적인 부분에 대해 알아보자. '미토콘드리아'는 에너지 생산 공장을 말하며, 세포에서 에너지 대사의 중추를 이루는 세포 내 소기관 중 하나로, 진핵세포의 특징인 핵막으로 둘러싸여 있다.

심장에 대한 질병에 대해서도 알아보자. '심부전'은 심장의 구조적 또는 기능적 이상으로 인해 심장이 혈액을 받아들이는 이완 기능이나 짜내는 펌프 기능이 감소하여 신체 조직에 필요한 혈액을 제대로 공급하지 못해 발생하는 질환을 말하고, '부정맥'은 심장의 전기 자극이 잘 만들어지지 않거나 자극의 전달이 잘 이루어지지 않아 규칙적인 수축이 계속되지 않고, 심장박동이 비정상적으로 빨라지거나, 늦어지거나, 혹은 불규칙하게 되는 것을 말한다.

간은 우리 몸에 아주 중요한 역할을 담당한다. 즉, 에너지를 만드는 역할을 한다. 음식물을 섭취한 것은 탄수화물, 단백질, 지방 형태로 위와 소장, 대장을 거치는데 이때 간은 탄수화물은 췌장의 인슐린이라는 호르몬의 도움으로 글리코겐을 만들고, 단백질은 아미노산으로 분해하는 기능을 한다. 이때, 인슐린이 부족하면 포도당을 분해하지 못해 혈액으로 당이 쌓이는 당뇨에 걸리게 된다.

폐와 기타 장기에 대해서도 알아보자. '폐쇄성폐질환'은 폐 안에 있는 기도나 폐 밖에 있는 기도가 좁아지면서 생기는 질환을 말하며, '진폐증'은 폐에 먼지와 같은 분진이 침착하여 이에 대해 조직 반응이 일어난 상태를 말한다.

이번에는 피에 대한 이야기이다. '혈전'은 혈관 속에서 피가 굳어진 덩어리를 말하며, '혈장'은 혈액 속의 유형성분인 적혈구·

백혈구·혈소판 등을 제외한 액체성분으로 담황색을 띠는 중성의 액체를 말한다. '다한증'은 과도한 땀 분비가 일어나는 것을 말하며, '부종'은 조직 내에 림프액이 고여 과잉 존재하는 상태를 의미하는 용어이다. 피부와 연부조직에 부종이 발생하면 임상적으로 부풀어 오르고, 푸석푸석한 느낌을 갖게 된다. 혈관이 우리 몸의 중요한 에너지와 산소 그리고 이산화탄소를 운반하는 기관이라면 혈관의 마지막인 모세혈관에서 세포로 영양소와 산소를 공급한 나머지 찌꺼기를 모두 수거하지 못한 부분을 림프관에서 수거해 간다.

'하지정맥류'는 정맥혈이 정상방향으로 흐리지 못하고 심장으로 순환해야 하는 혈액이 올라가지 못하고 정체되거나 역류되면서 발생하는 질환을 말하며, '헤모글로빈'은 척추동물의 적혈구 속에 다량으로 들어 있는 색소 단백질이다. 피가 빨갛게 보이는 이유가 바로 헤모글로빈 때문이라 할 수 있다.

다음으로 우리 몸 내부에서 거미줄처럼 복잡하게 얽혀있는 '신경'에 대해 알아보자. 우리 몸에 신경이 없으면 우리는 어떠한 감각이나 통증도 느낄 수 없게 되므로 매우 위험한 상황에 처해지게 된다. 외부에서 어떤 자극이 일어나면 활동전위에 의하여 신경에 발생하는 전류가 발생하게 된다. 그리고 아세틸콜린이나 아드레날린 등의 신경전달물질에 의해 척수와 대뇌로 자극이 전달하게 된다. 그리고 대뇌의 판단에 의해 다시 척수를 통해 운동신경으로 전달된다. 이처럼 어떤 자극에 의해 손이나 발과 같은 피부에 몰려 있는 신경을 감각신경이라 하고, 척추 안에 있는 척수를 통해 대뇌에서 판단하게 되는 데, 이를 중추신경이라 한다. 마지막으로 대뇌에서 운동 명령을 근육에서 이행하게 되는데 이를 운동신경이라 한다.

또한, 대뇌의 시상에서 판단하는 것이 아니라, 시상하부에서 알아서 판단해야 하는 자율신경도 있다. 즉, 자율신경은 뇌의 시상하부에서 감독을 한다. 호흡, 순환, 대사, 체온, 소화, 분비, 생식 등 생명활동이나 항상성을 유지하기 위한 자율신경은 신체가 위급할 때 혈관을 자극하는 교감신경과 소화나 항문, 방광을 충분히 이완되게 만들어 에너지를 보호하는 역할을 하는 부교감신경으로 나뉜다. 신체의 적절한 내부 환경 유지에 필요한 세밀한 내적 조절기능을 하고, 교감신경과 부교감신경으로 구분되는데 교감신경은 전신에 광범위하게 존재하고 심장, 폐, 근육, 배안의 장기 등을 지배한다.

세균이 우리 몸에 침입했을 때 그것에 저항하는 것을 면역이라 한다. 면역에서 가장 중요한 부분이 바로 백혈구인데, '백혈구'는 세균이 침투했을 때 우리 몸을 방어하는 면역체계로서 매우 중요한 역할을 하며, 백혈구는 크게 과립구(granulocyte)와 단핵구(monocyte), 림프구(lymphocyte)의 3가지로 나뉜다. 과립구는 면역체계로서 중요한 역할을 하지만 스트레스를 받거나 이상이 생기면 때로는 자기편을 공격해서 자기면역질환을 이끌기도 한다. '림프절'은 생체 내에서 전신에 분포하는 면역기관의 일종으로, 내부에 림프구 및 백혈구가 포함되어 있다.

이제 호르몬 용어에 대해 알아보자. 호르몬은 간뇌의 시상하부와 뇌하수체에서 관리를 하며 우리 몸의 신진대사 및 균형을 위한 신경전달물질이라 할 수 있다. '페로몬'은 같은 종의 다른 개체의 행동을 유발시킬 수 있는 분비물질을 말하며, '도파민'은 신경전달물질의 하나이며, 감각기관에서 대뇌피질로 가는 정보를 선택적으로 여과하고 개인의 흥분상태를 조절한다. 즉, 페로몬은 이성에게 유혹하기 위한 분비물질을 말하고, 도파민은 기분 좋은 흥분을 하는 신경물질을 말한다.

'편집증'은 대상에게 저의가 숨어 있다고 판단하여 끊임없이 자기중심적으로 해석하는 집착 증상이다. '해리슨 병'은 다중 인격 장애를 말한다.

다음은 인간의 생명과 관련 있는 존엄사와 안락사이다. '존엄사'와 '안락사'의 차이를 설명하기 전에, 안락사란 두 종류로 나뉜다. 적극적 안락사와 소극적 안락사이다. 적극적 안락사란, 약물주사로 환자를 죽음에 이르게 하는 것을 말하고, 소극적 안락사란, 인공호흡기 같은 장치를 떼어 환자를 죽음에 이르게 하는 것을 말한다. 존엄사가 바로 소극적 안락사에 속한다. 존엄사란 인간으로서 지녀야 할 최소한의 품위를 지키면서 죽을 수 있게 하는 행위라 할 수 있다.

> 범인이 평소 조현증이 있어서 자주 정신분열이 일어난대.
> 인간의 기관은 자생력이 있어서 조직이 파괴돼도 복구를 할 수 있어.
> 내 친구는 신장이 좋지 않아 부종이 자주 생겨.
> 그 사람은 화가 날 때 아드레날린이 과잉 분비되는 것 같아.
> 환자한테 그러면 안 되는 거 아냐? 히포크라테스 선서를 생각해야지.
> 페로몬은 이성에게 호감을 갖는데 중요한 역할을 해.

> 진폐증이 아니라 폐쇄성 폐질환으로 진단을 받았어.
> 헤모글로빈은 체내에 산소를 운반하는 중요한 역할을 하고 있어.
> 스트레스를 받으면 과립구가 과잉 생산돼서 우리 몸의 항상성을 파괴 해.

 인문학

최근에 인문학 열풍이 불고 있다. 과학의 발전과 문명의 발달로 혜택은 많이 늘어났지만, 편리성을 채울 수 있는 의식과 사고력이 부족하기 때문에 현대인들은 그것에 대한 괴리감과 피곤함을 느끼고 있다.

그런 의미에서 인문학은 나를 찾아가고 완성해가는 매우 중요한 학문이라 할 수 있다. 인문학 용어를 많이 알게 되면 그러한 삶에 대한 자세와 자신과 자기를 생각할 수 있는 '통찰력'을 키울 수 있다.

인문학에서 가장 중요한 두 가지 분야가 바로 '철학'과 '심리학'이라 할 수 있다.

인문학은 인간의 가치탐구와 표현활동을 위한 학문을 말한다. 즉, 자연과학이 자연에 관한 객관적인 존재성에 대한 학문이라면, 인문학은 인간의 가치에 대한 학문이라 할 수 있다. 인문학이 있기 때문에, 우리는 무엇이 더 가치가 있는 일이고, 과거와 현재 그리고 미래에 대한 고찰을 할 수 있는 것이다.

먼저 철학의 역사에 대해 알아보자.

철학 역사
- 그리스 철학(BC 4세기 ~) -
- 중세의 종교철학(4세기 ~) -
- 데카르트의 합리론(17세기 ~)
- 영국의 경험론(17세기 ~) -
- 칸트의 관념론(18세기 ~) -
- 유물론(19세기 ~)
- 실존주의 (20세기 ~)

먼저 가장 가치에 대한 학문인 철학 분야이다. 철학은 시대사적 흐름이 중요하기 때문에 고대부터 현대까지 시대의 흐름으로 알아보자.

철학

소크라테스	플라톤	아리스토텔레스
에피쿠로스	스토아학파	아우구스티누스
마키아벨리	루디	데카르드
스피노자	베이컨	로크
루소	관념론	경험론
인본주의	합리주의	우상
유물론	실용주의	실증주의
실존주의	쇼펜하워	니체
프로이드	리비도	이드
무의식	융	집단무의식
자아	초자아	정신분석학
아들러	열등감	적응기제
합리적 기제	투사	치환
퇴행	플래시보 효과	욕구불만

먼저 고대이다. 고대에 대표적인 철학자인 '소크라테스'는 기원전 5세기 경 활동한 고대 그리스의 대표적인 철학자이다. 문답법을 통한 깨달음, 무지에 대한 자각, 덕과 앎의 일치를 중시하였다. '플라톤'은 고대 그리스의 대표 철학자이다. 소크라테스의 제자이자 아리스토텔레스의 스승으로도 알려져 있다. 30여 편에 달하는 대화록을 남겼는데 그 안에 담긴 형이상학, 국가론 등은 고대 서양 철학의 정점으로 평가받는다. '아리스토텔레스'는 그리스 정치철학 고전기의 마지막을 장식하는 철학자이며, 실천 철학과 윤리라는 체계적이고 방대한 주제에 대한 연구를 했다.

'에피쿠로스'는 필수적인 욕망만 추구한다면 고통 없는 상태인 '아타락시아'에 이를 수 있다고 했다. 그는 자신의 생각을 실천하기 위해 '정원 공동체'를 만들어 모든 사람을 받아들이고, 쾌락에 끌려 다니지 않아야 행복할 수 있다고 했던 건전한 쾌락주의자. '스토아학파'는 기원전 3세기 제논에서 시작되어 기원후 2세기까지 이어진 그리스 로마 철학의 한 학파이다. 아리스토텔레스 이후 그리스 로마 철학을 대표하는 주요 학파이다. 헬레니즘 문화에서 탄생해 절충적인 모습을 보이며, 유물론과 범신론적 관점에서 금욕과 평정을 행하는 현자를 최고의 선으로 보았다.

중세에는 '아우구스티누스'가 있었다. 그는 초대 그리스도교 교회가 낳은 위대한 철학자이자 사상가. 고대문화 최후의 위인이었다. 중세의 새로운 문화를 탄생하게 한 선구자였다. 주요 저서인 고백록서 관심을 가졌던 것은 신과 영혼이었다. '마키아벨리'는 군주론으로 유명하며 정치공동체의 존속이 걸린 문제에 도덕적 잣대를 들이댈 수 없다는 정치가의 철학이 스며있고, 귀족적 공화주의를 보다 민중 친화적인 제도적 구상으로 전환시키려는 철학자의 호소가 내재되어 있는 것이다. '루터'는 15세기에 로마 가톨릭교회의 부패에 반기를 든 독일의 종교개혁자이다. 가톨릭교회의 교리와 폐쇄성에 반기를 들고 성경을 통한 하나님과의 직접적인 접촉과 하나님의 구원을 설파하는 데 주력했다.

근대의 철학자로는 '데카르트'가 있는데 그는 새로운 원리 위에서 학문을 통일적으로 재건하고자 하였고, 엄밀한 논증적인 지식인 수학에 근거하여 의학, 역학 등 다양한 분야에서 많은 업적을 세웠다. 특히 '나는 생각한다. 고로 존재한다.'라는 말을 통해 이성이 얼마나 중요한가를 역설했다. 16세기에는 '베이컨'이 있다. 그는 근대 철학의 선두에 서서 과학 시대를 이끈 사람이다. 그는 스콜라 철학으로 인해 생긴 편견을 없애기 위해 '4대 우상론'을 내세웠고, 귀납법에 기초한 지식 체계를 만들고자 했다. 그는 성경과 미신 대신 인간 이성을 회복시켜 주었다. '로크'는 영국의 철학자. 영국 경험론 철학의 시조라 할 수 있다. '루소'는 18세기 프랑스의 계몽 사상가이며, 특히 '자연으로 돌아가라.'라는 유명한 말을 남겼다.

'관념론'은 이론적이건 실천적이건 관념적인 것을 실재적 또는 물질적인 것보다 우선으로 보는 입장이고, '합리론'은 이성적, 논리적인 것을 중시하는 철학적 태도로 이성을 통해 진리를 파악할 수 있다는 견해이며, '경험론'은 인식·지식의 근원을 오직 경험에서만 찾는 철학적 입장 및 경향이다.

'유물론'은 물질을 근본적인 실재로 생각하고, 마음이나 정신을 부차적인 것으로 보는 철학이다.

현대로 넘어오면 1,2차 세계대전을 거쳐 이성보다는 직관과 비합리가 세상을 주도한다던 실존주의 철학자인 '쇼펜하우어'가 있다. 그는 인간을 '현존재' 즉, 본질은 알 수 없으며 시간 속에서 흘러가는 매 순간의 존재의 현상이라고 얘기했다.

이제 심리학에 대한 부분을 살펴보자.

고대의 샤머니즘(고대 ~) -
프로이트의 정신분석학(19세기 ~)
피아제의 인지발달(20세기 ~)
융의 집단무의식(20세기 ~)
아들러의 열등감(20세기 ~)
스키너의 행동주의(20세기 ~)

프로이트의 정신분석학 전에는 샤머니즘 형태나 민간요법 형태의 관습적 분석이 이뤄졌다.

'프로이트'는 오스트리아의 신경학자·정신의학자로, 정신분석학의 창시자라고 일컫는다. 20세기 이후 지금에 이르기까지 학자이면서 동시에 사상가로서 현대 심리학에 커다란 영향을 주었다. 특히 '꿈의 해석'을 통해 무의식의 중요성에 대해 얘기했다. '융'은 스위스의 정신의학자, 심리학자. 프로이트의 심리학에 영향을 받았지만, 정신 현상을 성욕에 귀착시켜 설명하는 프로이트에 반대하였고, 심층 심리에는 단순히 개인적인 것뿐만 아니라, 오랜 집단생활에 의해 심리에 침전된 '집단무의식'이 있다는 사실을 밝혀냈다. '아들러'는 오스트리아의 정신의학자. '개인심리학'을 수립하였으며, 인간의 행동과 발달을 결정하는 것은 인간존재에 보편적인 열등감·무력감과 이를 보상 또는 극복하려는 권력에의 의지, 즉 열등감에 대한 보상 욕구라고 생각하였다.

다음은 행동에 따른 심리적 작용인 '기제'에 대해 알아보자. 기제란 인간의 행동에 영향을 미치는 심리적 작용을 말하는데, '적응기제'는 어려운 현실에 당면하여 체면을 유지하고 심리적 평형을 되찾아 자기를 보존하려고 하는 방어기제를 말하며, 적응기제의 일종인 '합리적 기제'는 욕구불만이나 갈등을 해소 하는 데는 합리적 행동으로 해소하는 것을 말한다. '투사'는 사람들이 다른 사람이나 대상에게 죄의식과 같은 감정을 돌림으로써 부정할 수 있는 방어기제를 말하고, '플라시보 효과'는 '위약효과'라고도 하며 약효가 전혀 없는 거짓 약을 진짜 약으로 가장해서 환자에게 복용토록 했을 때 환자의 병세가 호전되는 긍정적인 효과를 말한다.

> 소크라테스의 '너 자신을 알라.'는 유명한 명언이지.
> 아우구스티누스의 종교적 성찰은 중세의 금욕주의를 탄생시켰지.
> 데카르트의 '나는 생각한다. 고로 존재한다.'는 이성의 중요성을 나타내는 말이지.

루소의 '자연으로 돌아가라.'라는 말은 인간의 자연성과 순수성을 얘기한 말이야.

쇼펜하우어와 니체는 실존주의의 대표적인 철학자들이지.

프로이드는 '꿈의 해석'을 통해 인간의 무의식의 중요성을 얘기했어.

융은 '집단 무의식'이라는 용어를 통해 인간이 갖고 있는 원형을 말했지.

아들러는 인간에게 있어 열등감이 중요한 역할을 한다고 말하고 있어.

플라시보 효과는 '위약효과'라는 말인데 효과가 없더라도 위안을 삼는다는 얘기야.

 역사

역사에 대한 어휘를 공부하기 위해서는 먼저 사건의 순서에 대해 어느 정도 흐름을 알아야 한다. 역사는 말 그대로 인류 사회의 변천과 흥망의 연혁이기 때문에 시간에 따른 흐름을 아는 것이 무엇보다 중요하다.

먼저 유럽의 역사이다.

 세계사

수메르(BC 35세기) - 아시리아(BC 20세기) - 바빌론(BC 20세기) - 페니키아(BC 13세기) - 페르시아 제국(BC 6세기) - 그리스(BC 5세기) - 마케도니아왕국(BC 4세기) - 로마(BC 3세기) - 서로마 멸망(476년) - 칭기즈칸(12세기) -

세계사 오스만 투르크 제국(13세기) - 르네상스(14세기) - 백년전쟁(14세기) - 동로마 멸망(1453년) - 장미전쟁(15세기) - 절대주의(16세기) - 산업혁명(18세기 말) - 시민혁명(18세기 말) - 제국주의(19세기) - 세계대전(20세기 초)

4대문명 - 수메르(BC3500) - 아시리아(BC2000) - 바빌론(BC2000) - 페르시아(BC6) - 그리스(BC5) - 로마 - 중세시대(6C) - 르네상스(14C) - 절대주의(16C) - 산업혁명(18C) - 시민혁명 - 제국주의(19C) - 세계대전(20C) - 현재로 이어져왔다.

다음은 구체적인 세계사 용어에 대해 알아보자.

역사

4대문명	페르시아제국	마케도니아제국
투르크족	게르만족	앵글로색슨족
알렉산더대왕	카이사르	징키스칸
십자군원정	루터	칼뱅주의
백년전쟁	장미전쟁	절대주의
산업혁명	시민혁명	제국주의
춘추전국시대	삼국시대	진시황
아편전쟁	양무운동	청일전쟁
민며느리제	데릴사위제	음서제도
사대부	인징	사화
탕평책	임오군란	갑신정변
동학혁명	을미사변	헤이그특사
임시정부	유신체제	12.12사태
아스카문화	메이지유신	태평양전쟁

먼저 인류의 역사부터 알아보자.

인류의 조상이라는 오스트랄로피테쿠스가 300만 년 전에 지금의 아프리카 탄자니아 지방에서 탄생했다. 그 후 150만 년 전에 도구를 사용하기 시작한 호모에렉투스가 활동을 시작했다. 현생 인류인 호모사피엔스는 본격적으로 4만 년 전부터 만 년 까지 아프리카에서 유럽과 아시아 그리고 아메리카로 이주를 해서 정착을 했다. 그런데 호모사피엔스가 유럽과 아시아를 건너왔을 때, 그 지역엔 네안데르탈인이 20만 년 전부터 거주하기 시작했다. 두개골이 현생 인류인 호모사피엔스보다 컸고, 위협적이었지만 도구와 지능을 사용하는 호모사피엔스에게 밀려 사라졌다. 그리고 호모사피엔스와 네안데르탈인의 혼혈이 바로 만 년 전 지금의 우리 인류 모습이다. 지금의 이라크에서 기원전 3500년 전에 발생한 수메르인을 셈족이라 하고, 기원전 3000년 전에 이집트인을 함족이라 할 수 있다. 그리고 비슷한 시기에 코카서스 지방에서 출현해서 인도와 유럽으로 퍼져나간 파란 눈의 서양인이 바로 아리아인이다. 아리안 중 지금의 러시아 지역 종족을 슬라브족, 영국을 차지한 앵글로색슨족과 켈트족, 지금의 스칸디나비아반도 나라를 차지했던 노르만족, 나머지 유럽을 차지한 게르만족으로 나누어졌다. 아시아에는 몽골족이 있었고, 몽골족 중에서 북쪽은 퉁구스족, 중앙아시아는 몽골족, 서아시아는 훈족에서 비롯된 투르크족이 살게 되었다.

'4대문명'은 세계에서 가장 먼저 문명을 발달시킨 4개 지역을 이르는 말이다. 이 지역들에는 모두 강이 있는데 메소포타미아, 이집트, 인더스, 황하 문명을 말한다. 가장 오래된 문명이 바로 지금의 이란지역을 중심으로 발생한 기원전 3500년 전의 수메르 문명이다. 수메르인은 글자를 사용했고, 수로를 만들기도 했다. 기원전 2000년경에는 수메르 문명의 뒤를 이어 아시리아 문명과 바빌론 문명을 탄생시켰다. 아시리아 왕국이 정복활동을 통해 영토확장을 목표로 했다면, 티그리스 강의 초승달 지역에 위치한 바빌론은 수로를 더욱 발전시켰고, 함무라비 법전을 완성시키기도 했다. 그 뒤로 10세기 가량 암흑의 시대가 있었다. 그리고 지금의 이라크인 '페르시아제국'은 기원전 6세기 무렵에 이란 고지대를 중심으로 서아시아, 중앙아시아, 코카서스 지방을 포함하는 넓은 지역을 통치하던 고대 제국이 출현했다. 지중해 문명 역시 중요한 문명의 중심지이다. 이집트는 이미 기원전 3000년경에 파라오라는 강력한 왕을 토대로 상형문자와 피라미드 등 문화와 건축에 있어 탁월한 업적을 남겼다. 그리스에서는 기원전 2000년경 미케네 문명과 크레타 문명 등이 있었다. 이 문명을 이어받아 기원전 4세기부터 지금의 민주주의와 철학 등의 토대가 된 그리스 문명이 탄생할 수 있었다. 그리고 그리스 위쪽서 탄생한 '마케도니아왕국'은 기원전 12세기에 북쪽에서 침입해 들어온 도리스인 이후 마케도니아인이 중심이 된 고대 왕국이다. '알렉산더대왕'은 기원전 4세기 무렵의 마케도니아의 왕이다. 그리스와 페르시아 그리고 인도에 이르는 대제국을 건설하여 그리스 문화와 오리엔트 문화를 융합시킨 새로운 헬레니즘 문화를 전파시켰다.

그리스 문명은 지금의 이탈리아에 위치한 로마문명으로 발전되었다. 로마는 기원전 3세기부터 원로원 등 시민사회와 의회중심의 공화정의 기틀을 마련하였다. 이후 유럽전역을 지배하는 막대한 영향력을 과시하였다. 북유럽 쪽에는 게르만 족이 있었는데, 식량과 추위로 인해 서서히 로마로 남하하여 4세기부터는 큰 영향력을 발휘하였다. 4세기에 게르만 족의 남하로 인해 서로마제국은 멸망했고, 이후 서로마는 지금의 독일과 프랑스에 위치한 프랑크왕국, 스페인에 위치한 서고트 왕국 그리고 북아프리카의 반달왕국으로 게르만족이 만든 제국으로 분산되었다. 이후 동로마는 지금의 터키의 지역인 콘스탄티노플로 수도를 옮기고 1453년 오스만투르크의 지배를 받기 전까지 명맥을 이어갔다. '투르크족'은 지금의 터키인으로서 중앙아시아의 여러 지역으로 이주하여, 한때 대초원과 러시아 북부 멀리까지 지배한 민족을 말한다. 이후 7세기의 이슬람 왕국과 11세기에 이르러 셀주크투르크와 오스만투르크 제국을 탄생시켰다. 서유럽은 8세기 독일의 카를대제와 10세기 오토대제를 바탕으로 서로마제국을 계승했고, 13세기에는 오스트리아의 합스부르크 왕조가 서로마의 신성로마제국을 계승해 600년간 통치해 왔다.

'십자군 원정'은 11~13세기에 걸쳐서 유럽의 그리스도교도들이 성지 회복이란 명분하에 일으킨 대원정이다. 1차 원정에서 예루살렘을 탈환하였으나 나머지 원정은 실패했다. '백년전쟁'은 14세기부터 15세기 중반까지 116년 동안 영국과 프랑스가 벌인 전쟁을 말하며, '장미전쟁'은 1455~1485년에 있었던 왕권을 둘러싸고 벌어진 영국의 내란. 두 장미 문장을 쓰는 왕실 집안의 추종자들과 이들을 따르는 사병들 간의 싸움이 시작되었기에 장미 전쟁이라 부르게 되었다. '절대주의'는 근세 초기 유럽에서 보인 전제적 정치형태를 말한다. 절대주의 체제는 대개 군주정을 채택하였으므로 흔히 절대왕정이라 불린다.

　'산업혁명'은 18세기 중엽 증기기관차처럼 영국에서 시작된 기술혁신과 이에 수반하여 일어난 사회, 경제 구조의 변혁을 말한다. '시민혁명'은 시민정치사적으로는 절대주의 및 기타 봉건권력을 타도해서 부르주아 및 광범한 일반시민을 해방하고 근대국가를 수립한 급격한 정치변혁이다. 영국의 시민혁명은 1640~1660년 영국에서 청교도가 중심이 되어 일으킨 최초의 시민혁명인 청교도 혁명을 말할 수 있다. 프랑스의 혁명은 1789년 7월 14일부터 1794년 7월 28일에 걸쳐 일어난 프랑스의 시민혁명을 말할 수 있다. 프랑스 시민혁명은 1776년에 일어난 미국의 독립혁명에 영향을 받아 루이 16세의 폭정에 반기를 든 시민혁명이다. 1799년에 나폴레옹이 군사 쿠데타로 정권을 장악하고 영국을 제외한 서유럽 대부분의 영토를 확장하다가 1815년 워털루 전투에서 영국, 프랑스 등의 연합군에 패하면서 종지부를 찍게 된다. 이후 1853년에서 1857년에 일어난 오스만 제국과 러시아 사이의 영토전쟁인 크림전쟁이 벌어졌고 근대화가 되지 않은 러시아가 패배하게 되었다. 18세기 말에 일어난 산업혁명으로 인해 보다 많은 생산과 노동력이 필요한 유럽은 19세기의 '제국주의'라는 강한 군사력과 경제력으로 다른 나라나 민족을 정벌하여 식민지로 삼는 침략주의적인 경향이나 국가 정책에 큰 영향을 끼치게 되었다. 특히, 영국은 북아메리카와 호주, 인도, 이집트 등 수많은 식민지를 세우며 '해가지지 않는 나라', '대영제국'이라는 칭호를 얻게 된다. 프랑스는 아프리카와 동남아시아 쪽을 지배하였으며, 비스마르크의 철혈정책을 바탕으로 현대식 무기를 장착한 독일은 영국의 3C 정책과 맞물리는 3B 정책을 내세워 영토 확장에 첨예한 대립을 하게 된다. 이러한 제국주의는 1,2차 세계대전의 원인이 되기도 한다.

1912~1913년까지 발칸반도에는 오스만에 반기를 들며 독립을 하려는 발칸전쟁이 일어났다. 그러면서 발칸반도는 긴장에 휩싸이게 되는데, 1914년 오스트리아의 황태자가 사라예보를 방문하던 중 세르비아의 비밀단체에 의해 피살되는 사건이 생기게 된다. 이에 오스트리아가 세르비아를 공격하면서 1차 세계대전이 일어난다. 독일은 벨기에와 프랑스를 점령하지만 결국 영국, 프랑스, 러시아 등의 연합국에 패배함으로써 1919년 베르사유조약을 맺게 된다. 1차 세계대전의 영향으로 1929년 미국의 경제대공황 등을 비롯해 유럽 역시 공황을 겪게 된다. 이때, 유럽은 독일은 게르만족의 우월을 앞세운 히틀러의 나치정당이 만들어지고, 이탈리아는 무솔리니가 국가주의를 앞세운 파시즘을 만들게 된다. 또한, 일본은 1867년 메이지유신을 계기로 서구문명을 본격적으로 받아들였으며, 1884년 청일전쟁 1904년 러일전쟁을 승리로 이끌면서 아시아를 독점하는 계기가 된다. 청나라는 1840년에 일어난 아편전쟁에서 영국에 패하게 되면서 강제로 서구열강에게 개화를 해야 하는 입장에 처해졌고, 당시 조선은 홍선대원군의 쇄국정책의 긍정적인 영향도 있었지만, 당시 유럽의 산업혁명과 제국주의 흐름에 맞서지 못하면서 결국 1895년 을미사면과 1910년 한일합방을 통해 일본의 식민지가 되는 불운을 맞게 된다.

일본은 1931년 만주사변을 계기로 1937년 중일전쟁을 일으키게 되었고, 1939년에는 독일의 히틀러가 폴란드를 침공하게 되면서 본격적으로 2차 세계대전이 일어난다. 1941년 태평양전쟁을 계기로 전 세계적인 전쟁으로 확대된다. 결국, 1945년 일본의 미국에 대한 항복을 계기로 2차 세계대전은 종식을 하게 된다.

다음은 동양의 역사용어에 대해 알아보자. 먼저 중국의 역사용어이다.

중국의 역사는 다음과 같이 진행된다.

하 왕조(BC 23세기) - 은(BC 17세기) - 주(BC 11세기) - 춘추전국시대(BC 8세기) - 진(BC 3세기) - 한(1세기) - 삼국시대(3세기) - 진(4세기) - 남북조(5세기) - 수(6세기) - 당(8세기) - 송(10세기) - 원(13세기) - 명(14세기) - 청(17세기) - 중국(20세기 ~)

하 왕조(BC 23) - 은, 주나라 - 춘추전국(BC 8) - 진한 - 위촉오(3C) - 진 - 남북조시대(5C) - 수(6C) - 당(8C) - 송(10C) - 원 - 명(13C) - 청(17C) - 양안(현재)

황화 강의 수로를 만들면서 기원전 23세기에 하 왕조가 탄생되었다. 이후 은나라 주나라가 탄생한다. '춘추전국시대'는 BC 8세기에서 BC 3세기에 이르는 중국 고대의 변혁시대를 말한다. '진시황'은 진(秦)나라의 36대 군주로 문무 관료들을 적재적소에 잘 활용하면서 전국 말의 혼란상을 종식시키고 6국을 격파하여 마침내 BC 221년에 중국 역대 황제들의 업적 중에서도 가장 뛰어나다고 할 만한 천하통일을 달성했다. 그리고 다시 삼국시대와 남북조시대의 혼란을 거치면서 수나라와 당나라 때에는 경제와 문화적으로 발전을 이뤄나갔다. 송나라 때에는 공자와 맹자의 도덕과 철학사상인 성리학이 만들어졌고, 13세기 중반에는 몽골족의 왕국인 원이 탄생했다. 명나라 청나라를 거치면서 중국은 정치, 경제, 문화 등에 있어서 안정과 번영을 이루었다. 하지만 서양의 산업혁명을 토대로 한 과학과 군사부분에서 뒤처지게 된 청나라는 영국을 비롯한 서구열강과의 전쟁에서 패할 수밖에 없었고, 1842년 난징조약과 1860년 베이징조약을 맺으면서 서구열강에 무릎을 꿇었다. '양무운동'은 19세기 후반 중국 청나라에서 일어난 근대화 운동으로 서양의 문물을 수용해 부국강병을 이루려했지만 결과적으로는 실패했다. '청일전쟁'은 1894년 6월~1895년 4월 사이에 청나라와 일본이 조선의 지배권을 놓고 다툰 전쟁이다. 일본에 패한 청나라는 시모노세키조약을 통해 타이완을 일본에 내주는 등 영향을 미치게 된다.

다음은 한국의 역사용어이다.

고조선(BC 2333년) - 철기시대(BC 3세기) - 삼국시대(4세기) - 한국사 통일신라(8세기) - 고려(918년) - 조선(1392년) - 임오군란(1882년) - 갑신정변(1884년) - 을미사변(1895년) 일제침략기(1910년) - 광복(1945년) - 대한민국 정부수립(1948년) - 6.25전쟁(1950년)

고조선(BC2333) - 고구려, 옥저, 동예, 삼한(BC2) - 삼국시대(4C) - 통일신라(8C) - 고려(10C) - 조선(14C) - 구한말 - 대한민국으로 이어져왔다.

먼저 고대의 역사용어이다. 기원전 2333년 '세상을 널리 이롭게 하자.' 라는 '홍익인간'의 이념으로 가장 먼저 나라의 개념을 창시한 분이 바로 단군의 '고조선'이다. 이후에 북쪽으로는 고구려, 부여, 옥저, 동예 등이 있었고, 남쪽으로는 마한, 진한, 변한이 있었다. '민며느리제'는 옥저의 결혼 풍습이며, 여자가 남자 집에 미리 가서 살다가 결혼하는 제도를 말한다. '데릴사위제'는 반대로 고구려의 결혼 문화로 남자가 여자의 집에서 살던 혼인 풍습이다.

3세기부터는 삼국시대가 펼쳐졌다. 북쪽에는 고구려, 마한은 백제로, 진한과 변한은 신라로 통합되었다. 고구려는 광개토대왕과 5세기 장수왕 때 이르러 최고 전성기를 누렸고, 백제는 4세기 근초고왕 때 그리고 신라는 6세기 진흥왕 때 최고 전성기를 누렸다. 또한, 진흥왕 때에 인재를 선발할 목적으로 만든 조직인 화랑이 만들어졌다. 이후 676년에 나당연합군에 의해 고구려와 백제를 무너뜨리고 통일신라시대를 열게 되었다. 통일신라시대 때는 불교를 바탕으로 한 석탑과 그림, 도자기 등 찬란한 문화를 탄생시켰다. 그 후 918년 고려가 만들어지기 까지 불국사, 석굴암, 첨성대 등 자주적인 문물을 남겼다.

다음은 고려시대를 알아보자. 고려는 왕건이 918년 신라 말에 분열된 한반도를 다시 통일하여 세운 왕조(918~1392)이다. 고려시대에는 남녀가 많은 부분에서 평등했었고, 균등한 기회를 주기 위해 노력했지만 몽고의 침략을 받아 많은 부녀자들이 몽고로 끌려가기도 하고 조공을 바치기도 한 슬픈 역사를 지닌 시대이기도 하다. '음서제도'는 고려 때 5품 이상 관리의 자제를, 과거를 통하지 않고 관리로 채용하던 제도를 말한다. '사대부'는 중국 및 고려·조신에서의 상류계층이며, '신진사대부'는 고려 말 원나라에서 들여온 성리학을 공부하고 과거를 통해 관직에 진출하여 개혁을 추진하던 세력을 말한다. 고려시대는 태조 왕건이 건국해서 대표적으로 노비안건법을 만든 광종 - 최승로의 시무 28조를 바탕으로 유교를 정치 이념으로 채택한 성종 - 거란침입에 맞서 초조대장경을 만든 현종 - 해동통보와 불교를 신봉해 많은 불회를 열었던 숙종 - 국학에 힘써 양현고를 만들고 여진족에 맞서 윤관에게 동북 9성을 쌓게 한 예종 - 이자겸의 난과 서경 천도운동을 벌인 묘청의 난을 겪은 인종 - 무신의 난을 겪은 의종 - 그리고 몽고의 침입을 겪은 고종을 지나 고려의 마지막 왕인 공양왕까지 숱한 침략을 겪은 동시에 자주적인 외교와 문화를 앞세워 코리아라는 이름을 전 세계에 알린 주체적인 시기이기도 했다.

다음은 조선시대에 대해서도 알아보자. 조선은 이성계가 고려를 멸망시키고 건국한 나라이며 1392년부터 1910년까지 통치하였다. 당시 홍건적과 왜구의 침입과 더불어 민생불안 등 상당히 힘든 시기였다. 이때, 급진파인 정도전은 급진적인 개혁을 추구했고, 이색과 정몽주는 서서히 개혁을 추구하는 온건파였지만 이성계는 정도전의 지략을 힘에 업고 위화도 회군을 통해 조선을 만들었다. 태조 이성계는 풍수지리설을 바탕으로 경복궁을 만들고, 유교를 건국이념으로 삼아서 나라를 통치했다. 조선은 유교와 더불어, 사화와 당쟁으로 당파간의 다툼이 많았던 시기였는데, '사화'는 조선시대에는 당파들 간의 분쟁이 많았는데 신하 및 선비들이 반대파에게 몰려 화를 입은 사건을 말한다.

조선전기에 백성을 위해 한글과 전분6등법, 연분9등법을 만든 세종대왕이 있었다면, 조선 중기는 1592년에 전국시대를 통일한 일본의 도요토미 히데요시에 의해 선조 때, 임진왜란이 일어났지만 성웅 이순신의 해전과 권율 등의 육지에서의 전투를 통해 위기를 잘 극복했다. 하지만 위기는 인조 때인 1627년과 1636년에 청나라의 침입인 정묘호란과 병자호란을 거치면서 위기는 계속 되었다. 후기에는 영조와 정조가 있었다. '탕평책'은 조선 후기 영조가 당쟁을 해소하기 위해 당파간의 정치세력에 균형을 이루기 위해 실시한 정책이다. 문무에서 모두 뛰어난 재능을 보인 정조는 왕권강화를 목적으로 규장각을 설치했고, 수원 화성을 건축할 때 정약용으로 하여금 기중기를 만들어 공기를 단축하게 하였다.

19세기에는 어린 왕들이 나타났는데, 나이 어린 왕이 즉위했을 때 성인이 될 일정기간 동안 왕대비나 대왕대비가 국정을 대리로 처리하던 수렴청정이 행해졌고, 대표적인 세도가가 안동 김씨와 풍양 조씨였다. 그리고 19세기 말부터 1866년 프랑스의 병인양요, 1871년 미국의 신미양요를 통해 외세의 침략과 개방 압력을 본격적으로 받게 되었다. 이때 흥선대원군이 쇄국정책을 바탕으로 외세의 개방 압력을 막으려했다. '임오군란'은 1882년 구식군대가 일으킨 병란이고, '갑신정변'은 1884년 김옥균을 비롯한 급진 개화파가 개화사상을 바탕으로 조선의 자주독립과 근대화를 목표로 일으킨 정변이다. '동학혁명'은 1894년에 전라도 고부의 전봉준 등의 지도자와 동학교도 그리고 농민들이 합세하여 일으킨 농민운동이다. 19세기 말은 격변의 시대였다. 이후 1895년 명성황후 시해사건인 을미사변과 이를 외국에 알리려는 1907년 헤이그특사 그리고 일본의 강제 침략으로 국권을 상실한 1910년 한일합방까지 격변과 혼란을 겪게 되었다.

일제 침략기에는 1909년 만주에 신민회, 1919년 간도에 설립한 신흥무관학교, 1931년 상해에 설립한 한인애국단 등을 바탕으로 자주적이고 치열한 독립운동을 진행했다. 1945년 광복을 통해 기쁨을 만끽한 것도 잠시 그 후 미국과 소련의 이데올로기에 휩싸여 1950년 6월 25일 한국전쟁의 힘든 시기를 맞이하게 되었다. 1953년 휴전협정 후 박정희, 전두환, 노태우의 군부통치가 실시됐지만 이후 민주화 운동을 통해 민주주의의 기틀을 마련할 수 있었다.

일본의 역사에 대해서도 간단히 살펴보자. 큐슈지방의 야마토족과 한국과 중국에서 건너간 도래인들이 대부분이었던 일본은 710년 나라시대를 바탕으로 본격적인 왕이 탄생되었다. 그 후 794년에 헤이안 시대를 거쳤다. '아스카문화'는 7세기 전반 스이코 천황 시기 아스카 지역에서 백제의 영향을 받아 발달한 문화이면서, 일본 최초의 불교문화라 할 수 있다. 이후, 전국시대를 거쳐 지방의 영토를 다스렸던 다이묘와 중앙을 지배했던 쇼군의 권력 형태인 막부시대가 열렸다. 12세기에 가마쿠라 막부를 필두로 해서 무로마치, 에도막부를 거치게 되었다. 그러면서 일본은 유럽과 미국의 선진문화에 관심을 갖게 되었다. 바로 '메이지유신'은 19세기 중반 일본 메이지 왕 때 기존체제를 무너뜨리고 서양의 문물과 제도를 본격적으로 받아들인 현대식 변혁과정을 말한다. '태평양전쟁'은 제2차 세계 대전 중, 일본의 진주만 기습으로 시작되어 1941~1945년까지 일본과 연합국 사이에 벌어진 전쟁을 말하며, 1945년 일본의 무조건 항복으로 끝났다.

4대문명은 이집트, 메소포타미아, 인더스, 황하문명을 지칭하고 있다.
징키스칸은 12세기에 중앙아시아부터 유럽까지 영향을 주었지.
십자군 원정은 11세기부터 13세기까지 예루살렘을 차지하기 위한 종교전쟁이다.
루터는 면죄부를 판 부패한 교리에 맞서서 종교개혁을 외쳤다.
제국주의의 영향으로 식민지확보에 주안점을 두었다.
양무운동은 서양의 문물을 받아들이려는 청나라의 운동이었다.
고려에는 권문세족을 위한 음서제도가 있었고 대표적인 것이 공음전이다.

조선후기에는 정치적으로 사화와 당쟁 그리고 사회적으로 인징과 족징이 있었다.
메이지유신은 메이지 왕 때 강력한 왕권부활을 위한 법령이었다.

 문화

문화는 한 사회의 개인이나 인간 집단이 자연을 변화시켜온 정신적 물질적 산물을 말한다. 그만큼 문화는 사회와 시대적 흐름의 투영이라 할 수 있다. 그만큼 문화용어는 시대와 사회의 산물이기 때문에 문화용어를 제대로 이해하면 그 시대와 사회를 잘 이해할 수 있는 소통의 힘이 생길 수 있다.

먼저 세계 문화사를 알기 쉽게 알아보자.

서양 문화사
그리스문화(BC 4세기) - 로마문화(BC 3세기) - 비잔틴문화(BC 6세기 ~ 14세기) - 르네상스(14세기 ~) - 바로크문화(17세기) - 로코크문화(18세기) - 낭만주의 (18세기 말) - 사실주의(19세기 ~) - 인상주의 (19세기 후반) - 다다이즘(20세기 초) - 초현실주의(20세기 ~

대표적인 문화로 미술, 음악, 건축, 풍습을 들 수 있다. 이제부터는 구체적으로 문화부분에 대한 용어를 알아보자.

문화

헬레니즘	르네상스	고딕양식
바로크	로코코	무형문화재
기모노	치파오	아오자이
카스트제도	전족	할례
진경산수화	김홍도	신윤복
수묵화	유화	인상파
입체파	초현실주의	미래주의
레오나르도다빈치	마네	모네
피카소	반 고흐	고갱
모딜리아니	뭉크	칸딘스키
베토밴	하이든	모차르트
슈베르트	멘델스존	쇼팽
바그너	차이코프스키	대위법
화성학	오페라	뮤지컬

먼저 건축용어이다.

'헬레니즘'은 고대 그리스에서 나타난 문명이며 미술, 건축 등 다양한 부분에 영향을 미쳤다. '르네상스'는 14~16세기에 서유럽에서 나타난 문화 운동을 말하며, 르네상스는 학문 또는 예술의 재생·부활이라는 의미를 가지고 있다. '고딕양식'은 중세 교회를 중심으로 만든 건축양식을 의미한다. 고딕 양식으로 지어진 대표적인 건물은 파리의 노트르담 성당, 빈의 슈테판 성당, 쾰른 대성당을 들 수 있고, 끝이 뾰족하게 길게 세워진 것이 특징이라 할 수 있으며 그러한 부분으로 신앙심을 표현한다고 할 수 있다.

'바로크' 양식은 건축, 음악, 미술, 문학 등 여러 분야에서 나타나는데, 건축에 있어서는 베르사유 궁전 같은 절대 군주를 찬양하는 느낌으로 매우 화려한 부분이 눈에 띈다. '로코코' 양식은 프랑스에서는 루이 15세가 통치하던 시대라서 루이 15세 양식이라고도 한다. 우아하고 여성적인 아름다움이 이 로코코 양식의 특징이라 할 수 있다.

풍습에 대해서도 알아보자.

'기모노'는 일본인들이 입어 온 일본의 독자적인 의복 총칭이며 몸에 둘러 입는 것이 특징이라 할 수 있다. '치파오'는 청나라 때 형성된 중국의 전

통의상이다. 원래 남녀 의상 모두를 이르는 말이지만, 보통 원피스 형태의 여성 의복을 지칭하고 있다. 몸에 딱 맞는 형태의 옷이며, 치마에 옆트임을 주어 실용성과 여성미를 강조하였다. '아오자이'는 베트남 여성의 민속의상. 베트남어의 '아오'는 옷, '자이'는 길다는 뜻이다. 품이 넉넉한 바지와 길이가 긴 상의로 되어 있다. '카스트제도'는 인도에서 직업에 따라 사람들을 구별하는 제도를 말하는데, 옛날에 인도에서는 사람들을 크게 네 개의 신분으로 나누어서 차별을 두었다고 한다.

'전족'은 중국에서 여자의 발을 인위적으로 작게 하기 위하여 헝겊으로 묶던 풍습을 말한다. '할례'는 고대부터 유대인과 무슬림들은 남자의 포피를 잘라내는 것을 신성한 종교 의식으로 시행하였고, 아프리카에 일부에서는 여성의 성기일부를 잘라내는 것을 풍습으로 삼았다.

다음은 한국의 미술에 대해 알아보자.
'진경산수화'는 조선 후기를 통하여 유행한 우리나라 산천을 소재로 그린 산수화를 말하며, 특히 정선의 그림이 유명했다. '김홍도'는 김홍도는 당시 회화의 주류인 산수화와 풍속화를 비롯해 새, 동물, 인물은 물론 불화와 판화에 이르는 모든 장르에 걸쳐 두루 명작을 남긴 조선시대 최고의 화가이며, 주로 토속적이고 해학적이며 소탈한 느낌의 그림을 많이 남겼다. '신윤복'은 선 후기의 풍속화가. 김홍도, 김득신과 더불어 조선시대 3대 풍속화가로 지칭된다. 양반층의 풍류와 남녀 간의 연애, 기녀와 기방의 세계를 도시적 감각과 해학을 담고 있다. '수묵화'는 채색을 가하지 않고 먹만을 사용하여 그린 그림을 말한다. 대부분의 동양화에서 볼 수 있는 형태라 할 수 있다.

서양의 미술양식에 대해서도 알아보자.

'유화'는 기름으로 갠 물감을 사용하는 회화의 한 방식이라 할 수 있다. 주로 서양화에서 볼 수 있는 기법이다. '인상파'는 인상주의 화가들은 자연을 하나의 색채현상으로 보고, 빛과 함께 시시각각으로 움직이는 색채의 미묘한 변화 속에서 순간적으로 느껴지는 인상을 포착하여 그리는 특성이 있다. 마네, 모네, 고흐, 고갱 등을 인상주의 화가라 할 수 있다. '입체파'는 입체주의라고도 하고, 인상주의 이후 색채 위주의 표현주의와 대조적으로 형태의 본질을 객관적으로 파악하고자 사물을 여러 시점을 통해 입체적으로 표현한 미술을 말하며, 대표적인 입체파 화가로는 피카소를 들 수 있다. '초현실주의'는 프로이트의 정신분석의 영향을 받아, 무의식의 세계 내지는 꿈의 세계의 표현을 지향하는 20세기의 문학과 예술의 사조를 말한다.

'반 고흐'는 네덜란드 출신의 프랑스 화가이고, 네덜란드 시절에는 어두운 색채로 비참한 주제를 특징으로 작품을 선보였다. 대표작으로는 자화상이 있다. '폴 고갱'은 프랑스 후기인상파 화가이다. 문명에 대한 혐오감으로 남태평양의 타히티 섬으로 떠났고, 그곳의 원주민의 건강한 순수성과 열대의 밝고 강렬한 색채를 바탕으로 그림을 완성했다. '피카소'는 스페인 태생이며 프랑스에서 활동한 입체파 화가로서, 프랑스 미술에 영향을 받아 파리로 이주하였으며 르누아르, 뭉크, 고갱, 고흐 등 거장들의 영향을 받았다.

이제부터는 음악에 대한 이야기와 용어를 알아보자.
'베토벤'은 18세기에 독일의 음악가로서 고전주의 음악의 창시자라 할 수 있다. 월광 소나타와 운명 교향곡은 명곡으로 지금까지도 많은 곳에서 연주되고 있다. '하이든'은 오스트리아 출신의 음악가인 하이든은 음악의 황제 베토벤을 지도했으며, 놀란 교향곡은 하이든의 대표 명곡이라 할 수 있다. '모차르트'는 18세기에 오스트리아의 음악가로서 세레나데와 바이올린 협주곡 등 수많은 명곡을 남겼다. '슈베르트' 역시 18세기 오스트리아의 음악가로서 마왕과 송어 등의 명곡으로 유명하다.

'쇼팽'은 폴란드의 작곡가이자 피아니스트로 자유롭고 시대를 앞서 나가는 명곡을 남겼으며 특히 녹턴은 그의 대표곡으로 유명하다. '바그너'는 독일의 작곡가이고, 오페라 외에도 다양한 규모의 악극을 여러 편 남겼다. '차이코프스키'는 19세기의 러시아 음악가인 차이코프스키는 서구적 기법과 민족주의, 낭만주의 사상의 결합한 작곡가로서 낭만적이며 서정적인 음악을 선보였다.

그리스의 문화양식을 '헬레니즘', 로마의 양식을 비잔틴'이라고 하지.
중국의 전통의상을 치파오, 베트남의 의상을 '아오자이'라고 해.
바로크시대의 음악인으로는 바흐, 헨델, 바그너를 들 수 있어.
인도에는 신분을 나누는 '카스트제도, 중국에는 발을 작게 하려는 '전족' 풍습이 있어.
동양의 대표적 그림을 수묵화, 서양의 대표적 그림을 유화라고 할 수 있지.
인상주의 화가들이 태양광선에 중점을 뒀다면 입체주의는 형태에 초점을 맞췄다.
뭉크는 '절규'를 통해 형태나 색조보다는 자신의 느낌을 표현하는데 초점을 뒀다.
고전주의 음악가인 베토벤은 '운명'과 '월광소나타'를 통해 깊이를 전달했다.
16세기에는 화음을 통한 '화성학'이라는 음악의 형태가 생겼다.

 과학

과학은 자연 현상에 대한 원리나 법칙을 찾아내고, 이를 해석하여 일정한 지식 체계를 만드는 활동을 말한다. 그렇기 때문에 과학을 이해하고 과학용어를 많이 알면 자연의 원리나 법칙을 이해하는데 많은 도움이 될 수 있다.

이 세상을 이루는 성분은 무엇인가 그리고 에너지란 무엇인가에 대한 질문을 하기 시작했다. 그리고 그러한 과학자의 질문은 과학을 발전시키는 원동력이 되었다.

과학 역사
- 연금술사(중세시대)
- 뉴턴의 물리학 법칙(17세기)
- 라부아지에의 화학(18세기)
- 톰슨의 열역학 법칙(19세기)
- 맥스웰의 전자기력 원리(19세기)
- 아인슈타인의 상대성이론과 양자역학 (20세기)
- 컴퓨터의 발명 (20세기 ~)

최초로 그러한 성분에 대한 실험은 바로 중세시대의 연금술사에 의해서였다. 비록, 연금술사들이 불을 이용해 원초적 실험을 했지만 그러한 노력으로 인해 물질을 이루는 성분에 대한 질문을 보다 구체적으로 할 수가 있었다. 최초로 과학적인 입증을 한 사람이 바로 18세기 프랑스 화학자인 라부아지에이다. 그는 촛불이 지하에 있을 때 꺼지는 것을 보고, 공기가 하나의 물질이 아니라 그 안에 분리할 수 있는 무엇인가가 있다는 것을 밝히기 시작했다. 그리고 점차 과학은 발전해서 물질을 구성하는 최소단위인 원소를 발견했고, 이후에 산업혁명을 거쳐 동력을 과학적으로 활용했으며 에너지법칙을 활용해 전기와 원자력에 대한 실험까지 할 수가 있었다.

먼저, 화학과 물리학의 차이에 대해 알아보자. 화학은 물질의 성질과 구조 및 그 변화를 다루는 학문이고, 물리학은 생물적 자연 이외의 무기적 자연의 논리성을 합법칙성으로 인식하는 것을 목적으로 하는 학문이라 할 수 있다. 즉, 화학은 물질의 화학적 성질인 핵과 전자의 관계에 의해 다른 입자와의 결합력, 결합을 끊기 위한 에너지 등 분자의 성질 변화에 관심이 있다. 그러나 물리는 힘의 관계와 그로 인해 나타나는 움직임에 더 관심을 두고 있다.

과학			
	임계점	발화점	플라스마
	표준편차	질량보존의 법칙	유기물
	옴의 법칙	인공지능	대척점
	변곡점	삼투압	뉴턴
	만유인력	관성의 법칙	작용 반작용
	아인슈타인	상대성이론	양자역학
	인장력	PH	절대온도
	툰드라	침엽수	모멘텀
	다윈	진화론	자연선택설
	멘델	우성인자	염색체론
	종유석	화강암	현무암
	퇴적암	풍화작용	침식작용
	블랙홀	화이트홀	웜홀
	빅뱅이론	평형우주론	다중우주론

다음은 화학과 물리학의 기초용어이다. '임계점'은 액체와 기체의 두 상태를 서로 분간할 수 없게 되는 임계상태에서의 온도와 이때의 증기압 상태

를 임계점이라 한다. '발화점'은 물질을 공기 또는 산소 중에서 가열할 때 발화하거나 폭발을 일으키는 최저온도를 말한다. 즉, 임계점은 액체에서 기체로 상태가 변화할 때의 부분을 말하고, 발화점은 공기나 산소 중에서 물질을 가열할 때 불이 일어나는 부분을 말한다.

근대 물리학에서 가장 중요한 영향을 미쳤던 사람은 바로 뉴턴이다. '뉴턴'은 영국의 물리학자이자 천문학자, 수학자로서 근대이론과학의 선구자이다.  수학에서는 미적분법을 창시하고, 물리학에서는 뉴턴역학의 체계를 확립했으며 뉴턴의 3법칙을 만들었다. 바로 관성의 법칙, 만유인력의 법칙, 작용 반작용의 법칙이다. '관성의 법칙'은 외부에서 힘이 가해지지 않는 한 모든 물체는 자기의 상태를 그대로 유지하려고 하는 것을 말한다. '만유인력'은 우주의 모든 물체 간에 상호 작용하는 인력 즉, 서로 당기는 힘을 말한다. 그리고 '작용 반작용의 법칙'은 한 물체가 다른 물체에 힘을 작용하면 다른 물체도 힘을 작용한 물체에 크기가 같고 방향이 반대인 힘을 가진다는 의미이다.

18세기 말 산업혁명을 토대로 증기기관의 원리를 증명하는 법칙이 만들어졌다. 19세기의 과학자인 윌리엄 톰슨은 열과 에너지에 관련된 열역학 법칙을 만들었다. 열역학 제 1 법칙은 '에너지의 상태가 변하더라도 에너지의 총량은 같다.'라는 원리이다. 예를 들어, 증기기관에서 석탄을 통해 열을 발생시키고 이것을 실린더를 통해 기계에너지로 바뀌어도 에너지의 양은 같다는 이론이다. 열역학 제 2 법칙은 엔트로피(무질서)의 증가 법칙으로 바뀐 에너지는 원래의 에너지로 돌아갈 수 없다는 이론이다. 예를 들어, 유리컵을 툭 건드리면 바닥에 떨어져서 깨지지만 깨진 유리컵은 원래 상태로 복구가 되지 않는다는 원리라 할 수 있다.

맥스웰은 전기력과 자기력이 밀접한 관련이 있다는 것을 증명하여 맥스웰 방정식을 발견했다. 이전에는 전기력과 자기력이 따로 영향을 미친다고 생각했으나 맥스웰이 드디어 전기력과 자기력이 상호작용을 통해 에너지를 만든다는 것을 증명했다. 현재 발전소에서 쓰는 에너지의 원리가 바로 자기력을 통한 전기의 에너지이기 때문에 실로 엄청난 발견이라 할 수 있다.

현대 물리학의 창시자라 불리는 사람이 바로 아인슈타인이다. '아인슈타인'은 독일 태생의 이론물리학자이고, 광양자설과 브라운운동의 이론 그리고 특수상대성이론을 연구하여 1905년 발표하였으며, 1916년 일반상대성이론을 발표했다. '상대성이론'은 자연법칙이 시간과 공간이 관측자에 따라 상대적이라는 이론이다. 특수상대성이론은 사실 매우 이해하기 어려운 이론인데, 쉽게 설명하자면 빛은 1초에 30만km를 진행하고 있는데, 이 빛의 속도는 변하지 않는다. 그런데 이 빛의 속도를 바라보는 시점이나 관찰자에 따라 빛이 천천히 갈 수도 있고 느리게 갈 수도 있는 느낌을 받을 수 있다. 이러한 이유는 광속이 변하기 때문이 아니라 빛으로 인해 만들어지는 시차 또는 시간이 다르기 때문이다. 그렇기 때문에 빛에 가까운 속도로 우주선이 날아갔을 때 영화 인터스텔라에서 나오는 것처럼 우주선 안에 있는 사람들은 시간이 더디게 흘러갔으므로 덜 늙을 수 있다는 이론이다.

또한, 특수상대성이론에서 발표한 부분 중에 하나가 그 유명한 $E = mc^2$ 즉, 에너지는 질량 곱하기 광속의 제곱과 같다는 등식을 만들어 낸다. 이 에너지 공식을 쉽게 설명하면 우리가 사물을 바라본다는 것은 빛이 계속 이동해서 에너지를 만들기 때문에 가능하다는 의미이다. 그렇기 때문에 우리는 가만히 있더라도 빛에 의해 함께 편승해 나아가고 있다는 의미이다. 따라서 질량이 있는 물체라면 모두 빛의 에너지를 함께 지니고 있다는 뜻이다. 그렇기 때문에 특수상대성이론에 나오는 에너지 공식에서 중요한 점은 작은 질량을 가졌다하더라도 광속은 변하지 않기 때문에 에너지는 곧 질량이라는 공식이 나오게 된다. 이 특수상대성이론으로 인해 그 유명한 원자폭탄을 만들 수 있는 기초가 마련될 수 있었다. 왜냐하면, 원자폭탄의 원리는 바로 양성자와 중성자가 이루는 원자핵을 쪼갤 때 강한 힘인 약력이 발생되는데, 원자핵이 분열하면서 질량손실이 일어나고 이 질량손실이 일어난 만큼 에너지가 발생된다는 이론이 적용되기 때문이다.

중성자가 원자핵에서 빠져나와 옆에 있던 또 다른 원자핵의 중성자를 연속으로 밀어내는 연쇄 핵분열의 에너지가 바로 원자폭탄의 원리라 할 수 있다. 그리고 그러한 원자폭탄의 원리는 바로 아인슈타인의 에너지의 공식을 기반으로 만들어졌다고 할 수 있다. 반대로 핵융합은 태양처럼 수소핵융합이 대표적이라 할 수 있는데, 뜨거운 온도에서 수소의 경우 중성자끼리 뭉쳐서 생기는 강력이 발생하는데, 이때 질량손실에 의해 강력한 에너지가 발생된다는 원리를 활용한 것이라 할 수 있다. 현재 우주에서 존재하는 4가지

힘은 중력, 전자기력, 원자핵이 뭉쳐졌을 때의 강력, 원자핵이 분열했을 때의 약력이라 할 수 있다.

1916년에 발표한 일반상대성이론은 쉽게 얘기해 중력에 의해 시공간이 휠 수가 있다는 이론이다. 영화 인터스텔라에서 볼 수 있듯이 중력이 매우 큰 별을 지나거나 블랙홀을 지날 때 시간팽창이나 공간의 왜곡이 일어날 수 있는 이유는 바로 중력에 의해 시공간이 영향을 받는다는 일반상대성이론이 적용되기 때문이다.

'양자역학'은 양자론의 기초를 이루는 물리학이론의 체계를 말하는데 원자 안을 살펴보니 양성자, 중성자, 전자가 있고 양성자와 중성자를 이루는 무거운 미립자인 쿼크와 가벼운 미립자인 전자와 뮤온 등의 음의 전하를 이루는 것과 전하를 가지고 있지 않은 뉴트리노 등의 소립자가 있다는 것을 발견했다. 또한, 양자역학은 에너지의 최소단위를 말하는데, 원자를 들여다보니 그 안에 전자는 기존 물리학에서 얘기하는 인과관계의 법칙이 아닌 불확정성에 의해 이동한다는 이론을 만들었다. 이러한 불확정성의 원리를 내세운 슈뢰딩거나 하이젠베르크 등의 의해 갑자기 전자나 빛의 입자가 튀어나온 것 같이 불확정성의 원리를 설명한 '양자도약'이론이 나오게 된다. 이러한 불확정성의 원리에 의해 예를 들어, 디지털은 0과 1이라는 이진법을 활용하는데 0 이기도 하고 1이기도 한, 두 상태가 중첩된 상태가 가능하다는 '양자얽힘'이라는 이론을 주장하기도 했다.

'플라스마'는 기체 상태의 물질에 계속 열을 가하여 온도를 올려주면, 이

온핵과 자유전자로 이루어진 입자들의 집합체가 만들어진다. 물질의 세 가지 형태인 고체, 액체, 기체와 더불어 제4의 물질상태를 말하는데, 보통 핵융합상태에서 볼 수 있다. '표준편차'는 자료가 얼마나 평균 주변에 모여 있는지 혹은 흩어져 있는지를 살펴볼 때 쓰인다. '질량보존의 법칙'은 화학반응의 전후에서 반응물질의 전 질량과 생성물질의 전 질량은 같다고 하는 법칙이다. '옴의 법칙'은 전류의 세기는 두 점 사이의 전위차에 비례하고, 전기저항에 반비례한다는 법칙이다.

'인공지능'은 인간의 학습능력과 추론능력, 지각능력, 자연언어의 이해능력 등을 컴퓨터 프로그램으로 실현한 기술로써, 앞으로 많은 부분을 인공지능이 대체할 것으로 보인다. '대척점'은 지구상의 한 지점과 지구의 중심을 연결하는 지선의 연장이 지구의 그 반대 측 표면과 만나는 점을 말한다. '변곡점'은 보통 미적분학에서 쓰이며, 곡선에서 오목한 모양이 바뀌는 점을 말한다. '삼투압'은 농도가 다른 두 액체를 반투막으로 막아 놓았을 때, 용질의 농도가 낮은 쪽에서 농도가 높은 쪽으로 용매가 옮겨가는 현상에 의해 나타나는 압력을 말한다.

'PH'는 물의 산성이나 알칼리성의 정도를 나타내는 수치로서 수소 이온 농도의 지수를 말하고, '절대온도'는 1848년 켈빈이 도입하였으며, 물질의 특이성에 의존하지 않는 절대적인 온도를 가리킨다. 이와 반대로 상대온도라는 말도 있다. '툰드라'는 얼어붙은 평원이라는 의미처럼 일 년 중 여름 얼마 동안을 제외한 대부분이 눈과 얼음으로 덮여 있다. 주로 북반구의 극지역에 분포하고 있다. '침엽수'는 건조와 추위에 대비해 잎이 뾰족하게 모아진 수목을 말하며, 활엽수는 주로 열대지역에서 잎이 열려져 있는 수목을 말한다.

다음은 박물학에 대해 알아보자. 박물학은 동물, 식물, 광물 등 자연물의 종류와 생태 등을 연구하는 학문이며, 대표적으로는 찰스 다윈이 있다. '다윈'은 19세기 초 영국의 박물학자이면서 진화론자이며, 생물진화론과 자연도태설을 확립했다. '진화론'은 찰스 다윈이 1859년 11월 22일 영국에서 '종의 기원'을 펴내면서 이름을 알렸다. 진화론은 창조론과는 반대로 생명의 기원과 발전을 생존 경쟁과 변이 현상 등 자연선택설로 설명하고 있다.

이번에는 유전학을 살펴보자. '멘델'은 오스트리아의 성직자, 박물학자. 사제를 지내면서 빈 대학에서 공부했다. 수도원의 정원에서 완두의 교배실험을 하던 중 1865년에 유전의 모든 법칙을 명확하게 밝히는 데 성공했다. '우성인자'는 어떤 특성에 대해서 이에 대립되는 형질보다 우세하게 표현되는 형질의 인자를 말하며, '열성인자'는 대립되는 형질보다 열세를 표하는 형질의 인자를 말한다.

다음은 지질학에 대한 용어도 알아보자. 지질학은 지각을 연구대상으로 하는 자연과학의 한 분야를 말한다. '종유석'은 굴의 천장에 고드름처럼 매달린 원추형의 광물질이며, '석순'은 동굴 천장에서 떨어지는 물방울에 들어 있던 석회질 물질이 동굴 바닥에 쌓여 원주형으로 위로 자란 돌출물이다. 이번에는 화강암과 현무암에 대해 알아보자. '화강암'은 경주에 있는 석굴암처럼 전체적으로 단단하고 밝은 느낌의 돌이다. 닦으면 반짝반짝 아름답게 빛나서 지금도 건축 재료로 많이 쓰이기도 한다. 화강암은 땅속 깊은 곳에서 마그마가 천천히 식어서 굳은 심성암에 속한다. 이에 반해 '현무암'은 제주도에 있는 돌하르방처럼 전체적으로 어두운 색을 띄고 있고, 구멍이 송송 뚫려 있고 여러 가지 색의 작은 알갱이가 보인다. 현무암은 땅 위로 나온 용암이 빠르게 식어서 굳어진 화산암이라 할 수 있다.

'퇴적암'은 물과 바람 등의 운반작용에 의해 운반된 광물이 지표의 낮은 압력과 낮은 온도 상태에서 퇴적작용을 거쳐 만들어진 암석이다. '풍화작용'은 오랜 시간에 걸쳐 바위나 돌이 햇빛, 공기, 물 등에 의하여 제자리에서 점차 부서지는 것을 말하며, '침식작용'은 빗물이나 강물, 바닷물 등이 그의 운동에 따라 토지를 깎거나 화학적으로 암석을 용해하는 작용을 말한다.

마지막으로 우주에 대해 알아보자.

'블랙홀'은 글자 그대로 검은 구멍을 뜻하며, 좀 더 과학적인 표현으로는 중력장이 극단적으로 강한 공간을 의미한다. '화이트홀'은 모든 것을 빨아들이는 블랙홀에 반하여 모든 것을 내놓기만 하는 천체를 말하며 아직까지 이론적으로만 존재할 뿐 직접 혹은 간접적인 방법으로 그 존재가 증명되지는 않았다. '웜홀'은 우주에서 먼 거리를 가로질러 지름길로 여행할 수 있다고 하는 가설적 통로이다. '빅뱅이론'을 창시한 허블은 이 사실이 우주가 팽창하고 있음을 말해 주는 중요한 증거라고 보았다. 다시 말해 우주에 있는 은하들은 모두 우리 은하로부터 멀어지고 있으며, 그 속도는 거리에 비례한다는 것이다. 이것을 '허블의 법칙'이라 한다. 우주는 어느 방향으로나 똑같은 비율로 팽창하고 있다는 의미이다. 그런데 만약 우주가 팽창하고 있다면, 필름을 거꾸로 돌리듯 시간을 거슬러 올라가면 언젠가는 한 점에 모이게 된다. 이것이 빅뱅 이론의 기초가 되었으며, 허블은 온도와 밀도가 높은 초기 우주가 급격하게 팽창하면서 점차 식기 시작하였고, 이 초기 우주에서 수소, 헬륨 같은 가벼운 원소가 만들어져 현재까지 우주의 대부분을 차지하게 되었다고 주장했다.

'평행우주론'은 우리의 우주를 이루는 모든 물질은 입자로 구성되지만, 파동은 고정된 위치를 갖지 않기 때문에 모든 입자가 파동이기도 하다면 한 입자는 동시에 두 장소에도 있을 수 있는 것이라는 이론이다. 이에 반해 '다중우주론'은 현재 지구가 속해 있는 우리 우주 외에 또 다른 우주가 무수히 존재한다는 가설이다.

액체와 기체를 분간할 수 없는 지점을 '임계점'이라고 한다.
기체상태에 열을 계속 가하면 '제 4의 물질 상태가 되고 이를 '플라스마'라고 한다.
통계 변량의 분산의 정도를 측정하는 척도 중에 가장 많이 쓰이는 것이 '표준편차'이다.
뉴턴의 3법칙은 '관성', '가속도', '작용 반작용'의 법칙이다.
옴의 법칙이란 전류세기는 두 점 사이의 전위차에 비례하고 저항에 반비례한다.

모멘텀이란 물질의 운동량이나 가속도를 얘기한다.
상대성이론이란 상대적인 시간과 공간에서의 작용과 이론을 말한다.
PH란 물의 산성이나 알칼리성의 정도를 나타내는 수치를 말한다.
마그마가 빨리 식어서 생긴 암석이 현무암이고 천천히 식은 암석이 화강암이다.

적재적소의 말 한마디로 인생을 바꾼다.

말을 잘하게 되면, 최소비용으로 최대효과를 얻을 수 있고,

경제적인 가치가 충분한 메리트를 얻을 수 있다.

비단, 경제적 효과뿐만 아니라 주위에 늘 사람이 많게 되는

즉, 인맥의 인프라를 구성할 수 있는 엄청난 효과를 얻을 수 있다.

이 책은 말을 잘 할 수 있는 실질적인 어휘방법을 제시한다.

고유어, 한자어, 속담, 사자성어, 명언을 비롯해 정치, 경제, 사회

역사, 법률, 의학, 문화 등의 시사와 상식까지 다양한 분야에서의

꼭 필요한 어휘를 통해서 대화나 발표에서 막힘없이 어휘력을

전달할 수 있는 실질적인 훈련방법을 알려준다.

SNA연기스피치

대표 : 김규현

주소 : 서울시 강남구 개포동 1196-7

Tel : 070) 8274-3225

홈페이지 : www.esna.co.kr